Jules Lwesso Kisalima

TROIS ANS LA TERRE ÉCOUTE LA VOIX DU SEMEUR

Jules Lwesso Kisalima

TROIS ANS LA TERRE ÉCOUTE LA VOIX DU SEMEUR

Connaître les antéchrists, les femmes vertueuses, l'unique chemin et porte qui mène vers Dieu

Éditions Croix du Salut

Imprint

Cover image: www.ingimage.com

Publisher:
Éditions Croix du Salut
is a trademark of
Dodo Books Indian Ocean Ltd., member of the OmniScriptum S.R.L Publishing group
str. A.Russo 15, of. 61, Chisinau-2068, Republic of Moldova Europe
Printed at: see last page
ISBN: 978-620-3-84197-8

TERRE ECOUTE LA VOIX DU SEMEUR

TROIS ANS LA TERRE ECOUTE LA VOIX DU SEMEUR

ATTENTION DANGER DE MORT ETERNELLE : LE MYSTERE DE L'INIQUITE

2 Thessaloniciens 2-7-8 " Car le mystère de l'iniquité agit déjà, il faut seulement que celui qui le retient encore ait disparu. Et alors apparaitra l'impie, que le Seigneur Jésus détruira par le souffle de sa bouche et qu'il écrasera par l'éclat de son avènement" Ma sœur et mon frère, "le mystère de l'iniquité" vient d'une racine grecque qui veut dire "initiation silencieuse". Une initiation secrète au culte de l'antéchrist. Une influence démoniaque de séduction qui prépare les hommes et femmes du monde entier à recevoir l'antéchrist où l'impie comme l'appelle l'apôtre Paul. Des millions de personnes subissent des lavages de cerveaux chaque jour pour être initié dans sa confrérie, les loges des francs-maçons, les cultes de Satan, dans la magie, la sorcellerie, les secrets cabalistiques des rabbins juifs, les marabouts musulmans et autres pratiques occultes. Cette œuvre satanique s'accélère vite et de façon efficace en vue de l'apparition dans le futur proche de l'antéchrist. Celui qui le retient encore et qui va bientôt disparaitre c'est l'Epouse/l'Eglise/ le Rachète Je m'en vais parler de l'iniquité dans mon pays la RDC :

1 Cette initiation secrète ne date pas d'hier, depuis notre enfance nous apprenions que pour accéder à un poste au pouvoir autour du Maréchal Mobutu et son régime, être célèbre, avoir la richesse et progresser dans la vie, il fallait l'initiation au " Prima Curia". 2. Tous les sorciers, les magiciens et guérisseurs s'étaient convertis en prophète/apôtre/femme et homme de Dieu, ils ont acheté le F92 au Ministère de la Justice pour l'obtention d'autorisation d'une église en vue de Pseudo- délivrance et Pseudo- miracle au nom de Jésus 3. Au nom du recours à l'authenticité, le régime Mobutu avait favorisé des mouvements mystico- religieux dans la province de Kongo central à avoir de Mvuluzi/Mfumu (chef spirituel) qui malheureusement a donné aux gens les sectes/ religions et non l'Évangile qui sauve de Jésus Christ de Nazareth de sorte que la province est mal atteint par le salut. 4. l'enrichissement facile, ici nous

rappelons depuis notre enfance à Bukavu, les hommes et les femmes prospéraient dans les affaires. Suite au contact avec le Dragon " phénomène brigand". Un membre de ma famille qui s'y était rendu s'était enrichi et avait un grand dépôt au grand marché de Kadutu mais hélas personne de la famille avait bénéficiait de cette richesse et lui-même a fini par la folie. Dans la province de Kongo central, un homme initie les gens à une richesse de courte durée au point de le surnomme " Courte joie". 5. Toutes ces sociétés des ténèbres y compris les francs maçons jadis secrètes sont ouvertes au public via les lieux de travail, les universités et surtout les réseaux sociaux.

Merci de ne pas accepter cette marque de la bête.

LA SORCELLERIE, LA MAGIE, L'OCCULTISME ET AUTRES PRATIQUES DES TENEBRES : UNE ABOMINATION DEVANT DIEU

A ma sœur et frère racheté,

La Parole de Dieu est claire sur les dangers de pratiquer l'occultisme, consulter le marabout, la sorcellerie, la magie càd toute tentative de pénétrer dans le monde Surnaturel par l'intermédiaire de médiums, des sorciers, des magiciens ou diseurs de bonnes aventures et autres pratiques du monde des ténèbres.

L'occultisme est une pratique grave devant Dieu et peut détruire nos foyers.

Dieu nous exhorte à s'abstenir de toute pratique du monde des ténèbres de Satan:

1. Deutéronome 18 : 10 - 12"Qu'on ne trouve chez toi personne qui fasse passer son fils ou sa fille par le feu, personne qui exerce le métier de devin, d'astrologue, d'augure, de magicien, d'enchanteur, personne qui consulte ceux qui évoquent les esprits ou disent la bonne aventure, personne qui interroge les morts. Car quiconque fait ces choses est en abomination à l'Éternel, et C'est à cause de ces abominations que l'Éternel ton Dieu va chasser ces nations devant toi".

2. Lévitique 19:31 "Ne vous tournez point vers ceux qui évoquent les esprits, ni vers les devins, ne les recherchez point, de peur de vous souiller avec eux. Je suis l'Éternel votre Dieu".

3. Nombres 23:23 " L'enchantement ne peut rien contre Jacob, ni la divination contre Israël. Au temps marqué, il sera dit à Jacob et à Israël Qu'elle est l'œuvre de Dieu".

4. 1 Samuel 28 : 3 "Samuel était mort, tout Israël l'avait pleuré, et on l'avait enterré à Rama, dans sa ville. Saül avait ôté du pays ceux qui évoquaient les morts et ceux qui prédisaient l'avenir".

5. 2 Chroniques 33: 6 "Israël fit passer ses fils par le feu dans la vallée des fils de Hinnom, il observait les nuages et les serpents pour en tirer des pronostics, il s'adonnait à la magie, et il établit des gens qui évoquaient les esprits et qui prédisaient l'avenir. Il fit de plus en plus ce qui est mal aux yeux de l'Éternel, afin de l'irriter.

6. Essaie 8 : 19 " Si l'on vous dit : Consultez ceux qui évoquent les morts et ceux qui prédisent l'avenir, Qui poussent des sifflements et des soupirs, répondez : Un peuple ne consultera-t-il pas son Dieu ? S'adressera-t-il aux morts en faveur des vivants ?"

7. Actes 19:19 "Et un certain nombre de ceux qui avaient exercé les arts magiques, ayant apporté leurs livres, les brûlèrent devant tout le monde : on estima la valeur à cinquante mille pièces d'argent".

Ma sœur et frère racheté, quittez le chemin de l'occultisme, la magie, la sorcellerie, le maraboutage, l'exorcisme et autres pratiques sataniques. Car Jésus le Roi des rois et Seigneur des seigneurs arrivent bientôt pour punir sévèrement les rebelles à sa PAROLE SAINTE. Adressons nous à notre " Père qui est aux cieux en esprit et en vérité" sans passer par un(e) intermédiaire cela la recommandation de notre Dieu Sauveur.

TERRE ÉCOUTE LA VOIX DU SEMEUR

LA PORTE LARGE ET CHEMIN SPACIEUX QUI MÈNE VERS LA PERDITION : LES ANTÉCHRIST

A ma sœur et frère racheté, réjouissez-vous de votre meilleur choix de suivre la porte étroite et le chemin resserré qu'est Christ de Nazareth. Car plusieurs voisines et voisins ont choisis de persévérez dans la sorcellerie, la magie, le satanisme, l'occultisme, l'orgueil de la vie et autres plaisirs de la chair qui est une désobéissance à Dieu, une rébellion contre le créateur en optant d'entrer par la porte spacieuse/ large ouverte par Satan via ses sectes pernicieuses, religions occultes et autres pratiques des ténèbres que L'Esprit de Dieu est en train de révéler : Mathieu 7 : 13: 16 "Entrez par la porte étroite, Car large est la porte, spacieux est le chemin qui mènent à la perdition, et il y en a beaucoup qui entrent par là. Mais étroite est la porte, resserré le chemin qui mènent à la vie, et il y a peu qui les trouvent.

Ma sœur et mon frère, félicitation pour vous qui trouve la porte étroite et le chemin resserré "qu'est Christ de Nazareth". Un bon choix de refuser le chemin de Satan qui mène à la destruction de votre esprit et âme. Efforcez-vous de demeurer fils et filles de Dieu : Romains 8: 13 " Si vous vivez selon la chair, vous mourrez, mais si par l'Esprit vous faites mourir les actions du corps, vous vivrez ", Jacques 4 : 4 " Adultères que vous êtes ! ne savez-vous pas que l'amour du monde est inimitié contre Dieu ? Celui donc qui veut être ami du monde se rend ennemi de Dieu ", 1 Jean 2:15 " N'aimez pas le monde ni les choses qui sont dans le monde. Si quelqu'un aime le monde, l'amour du Père n'est pas en lui " et Jean 5 : 43" Je suis venu au nom de mon Père et vous ne me recevez pas, si un autre vient en son propre nom, vous le recevrez " Notre maître fait allusion à Satan, le trompeur de plusieurs voisines et voisins. Cher (es) racheté (es) notre maître nous recommande de s'efforcer à se repentir, vivre au quotidien selon sa Parole sous la conduite de l'Esprit de Dieu c'est la porte étroite et chemin resserré qui mènent à Dieu dans l'éternité.

TERRE ÉCOUTE LA VOIX DU SEMEUR

LE COLONISATEUR (ROME) CACHE L'UNIQUE VERITE DU COLONISÉ (ISRAËL)

A ma sœur et frère racheté,

Dieu, créateur a choisi "Israël" pour concrétiser son plan de sa réconciliation avec l'homme et la femme trompé par Satan. Il existe une seule porte, un chemin et une seule destinée " Christ de Nazareth "

Malheureusement, Rome a caché la vérité à plusieurs voisines et voisins et cela à partir du 9eme siècle donc, 900 ans après Jésus Christ en instituant la Vierge Marie " Reine des cieux" médiatrice/ intercesseurs auprès de Dieu. Si Marie est intercesseurs, notre Maître, le Messie est l'unique porte étroite : Luc 13:23 -24 " Quelqu'un lui dit : Seigneur, n'y a-t-il que peu de gens qui soient sauvés ? Il leur répondit : Efforcez-vous d'entrer par la porte étroite. Car je vous le dis, beaucoup chercheront à entrer, et ne le pourront pas " Avant cela au 5eme siècle, Rome avec son catholicisme interdit la Sainte Bible des mains du peuple. Or nous l'avons vu" la Bible est l'unique vérité" : Jean 17:17 "Sanctifie - les par ta vérité : ta Parole est la vérité". En lieu et place, Rome ajoute dogmes, cérémonies et traditions parfois païennes en vue "d'altérer l'évangile de Christ " (la prière pour les morts, les indulgences, la purgatoire, le culte des reliques, le chapelet pour le culte de Marie, le catéchisme, les Rosaires et bien d'autres pratiques n'ayant pas de fondements dans les Saintes écritures. Ci- dessous les documents limitant les voisines et voisins de l'accès à la lecture de la "VÉRITÉ" qu'est le Logos Rhema / La Sainte Bible :

1. Les canons du Concile de Toulouse en 1229. Le Canon 14 interdit aux laïcs la lecture et la possession de la Bible,

2. Le Concile de Constance (1414 - 1418) lors de ce Concile eut lieu le procès et la condamnation pour hérésie de plusieurs réformateurs comme John Wyclif, Jan Hus et autres braves.

3. La Constitution "Dominici Gregis Custodiare" en Avril 1546, le Concile de Trente impose l'usage de la version latine dite "vulgata" et Dominici Gregis Custodiare du 24 Mars 1564, le Pape Pie IV prohibe les versions de la Bible en langues vulgaires

4. L'index librorum prohibitorum, l'index des livres interdits du Concile de Trente (1546 - 1563), il s'agit d'une liste d'ouvrages que les catholiques romains n'étaient pas autorisés à lire dont la " Sainte Bible "

5. L'encyclique "Qui Pluribus" du Pape Pie IX (1846) cette lettre du Pape condamne des " Perfides " Sociétés bibliques qui vulgarisaient les Saintes écritures.

Ma sœur et mon frère racheté, la Sainte Bible a été remplacée par les fables et l'idole de Marie a remplacé le Sauveur et Seigneur unique médiateur.

Que Celui qui a des oreilles entende ce que L'Esprit dit aux Eglises

TERRE ÉCOUTE LA VOIX DU SEMEUR

L'ESPRIT D'ANTECHRIST : L'ISLAM

A ma sœur et frère racheté,

Si nous sommes baptisés par l'Esprit de Dieu, sachez que des milliards de voisines et voisins sont possédés par l' ESPRIT D'ANTECHRIST de leur maître le diable/ Satan/ le dragon/menteur : 1 Jean 4: 2-3 " Reconnaissez à ceci l'Esprit de Dieu. : Tout esprit qui se déclare publiquement pour Jésus Christ venu en chair est de Dieu, et tout esprit qui ne se déclare pas publiquement pour Jésus n'est pas de Dieu c'est Celui de l'antéchrist, dont vous avez appris la venue, et qui maintenant est déjà dans le monde" .

L'islam ne dément complètement que Jésus Christ soit le fils de Dieu. En fait, le Coran reconnaît simplement Jésus comme prophète mais si vous dites qu'il est le fils de Dieu, vous suscitez la plus amère opposition.

Ma sœur et frère racheté, autour de la célèbre mosquée de Jérusalem, appelée "le Dôme du Rocher “, construite sur le lieu qu'occupait autre fois le temple de Salomon, les doubles inscriptions arabes répètent "Dieu n'a pas besoin d'un fils".

Il est important que les rachetés soient bien informés, nous vivons à une époque où la bataille entre le royaume de Dieu et celui de Satan s'intensifie comme jamais auparavant et cela à cause du retour proche de notre maitre pour la destruction ultime du royaume de Satan.

Le Satan /dragon/diable multiplie alors les activités de son royaume par l'opposition à Dieu, à l'Eglise du Christ et surtout l'envoi de l'Esprit d'antéchrist dans le monde.

Il y a plusieurs Antéchrists càd anti- Messie terme grecque qui possède deux significations s'appliquent ici" toute d'abord contre notre maitre "Jésus Christ" ensuite à la place de Jésus Christ" ce dernier avec comme but final "installer un faux Messie " en lieu et place de notre Dieu sauveur Jésus de Nazareth".

TERRE ÉCOUTE LA VOIX DU SEMEUR

LA NOTION DE LA VIERGE MARIE : UN ESPRIT D'ANTECHRIST

A ma sœur et frère racheté,

Comme le déclare la Bible plusieurs Antéchrists sont dans le monde. Les arabes ennemis d'Israël nient Le fils de Dieu, Rome la puissance coloniale l'a fait également.

Des milliards de voisines et voisins adorent une statue de la vierge Marie, immaculée, Co- médiatrice du catholicisme romain qui est en réalité " la reine du ciel " mais présentée par Rome " Reine de la paix " Jérémie : 7 : 18 " Les enfants ramassent du bois, les pères allument le feu, Et les femmes pétrissent la pâte, pour préparer des gâteaux à la reine du ciel Et pour faire des libations à d'autres dieux, Afin de m'irriter "

Ma sœur et mon frère racheté, la reine du ciel est ISHTAR, une déesse Assyrienne Babylonienne également appelée ASTARTÉ, considérée comme épouse de dieu BAAL appelé aussi Moloch dans la Bible.

Contrairement à Marie, mère de notre Dieu sauveur Jésus Christ, qui se reconnaît :

1. Simple servante du Seigneur : "Marie dit : je suis la servante du Seigneur, qu'il me soit fait selon la Parole ! Et l'ange la quitta".
2. Elle n'a pas fait l'objet d'une immaculée conception comme la vierge Marie immaculée citée ci- haut, la Bible ne mentionne nulle part une naissance humaine extraordinaire de Marie
3. Joseph et Marie ont eu plusieurs enfants après la naissance de notre maitre, il avait 4 démis- frères (Jacques, Joseph, Simon et Jude et demis- sœurs non citées, Matthieu 15: 55),
4. Notre maitre Jésus n'a pas déclaré que sa mère était digne de louange et d'adoration : Luc 11: 27- 28 " Tandis que Jésus parlait ainsi, une femme, élevant la voix du milieu de la foule, lui dit : Heureux le sein qui t'a porté ! Heureuses les mamelles qui t'ont allaité Et il répondit : Heureux plutôt ceux qui écoutent la Parole de Dieu et qui la gardent ! "

Pour Jésus l'obéissance à la Parole est plus importante qu'être sa mère.

5. Marie était là au pied de la croix à la mort de notre maitre (Jean 19:25) et depuis ce jour-là la Bible ne parle plus d'elle,
6. Il n'apparaît nulle part dans la Bible que les apôtres ont confié un rôle prédominant à Marie,
7. La mort de Marie ne figure même pas dans la Bible et il n'y a aucune trace de l'ascension de Marie où d'un quelconque rôle exalté qu'elle joue dans le ciel.

8. Nul part la Bible ne mentionne que Marie peut entendre nos prières et servir de médiateur entre Dieu et nous ! Et pourtant présentée par Rome comme "Co-médiateur avec Jésus".
Chers voisines, voisins, cousins et cousines, Marie doit simplement être respectée en tant que mère terrestre de notre maitre mais ne pas faire un statut d'elle et l'adorer. C'est l'abomination et l'esprit d'antéchrist
TERRE ECOUTE LA VOIX DU SEMEUR

LE SATANISME : L'EGLISE DE SATAN

A ma sœur et frère racheté,

Si les rachetés que nous sommes ne voulons pas aller dans le monde entier y témoigner le Fils de Dieu, notre Seigneur et Sauveur, Satan au contraire multiplie ses agents avec qui mourir éternellement.
L'Eglise de satan a été fondée le 30 Avril 1966 à San Francisco et en Californie aux USA marquant ainsi l'an 1 de l'ère sataniste par son initiateur ANTON SZANDER LAVEY.
La deuxième Église satanique est " le temple de Seth " fondée en 1974 par Michael Aquino, lieutenant de l'armée américaine, spécialiste de la guerre psychologique.
Les satanistes pratiquent un culte et des cérémonies dédiés à Satan / Lucifer, détiennent en concurrence avec nous " la bible satanique et neuf déclarations sataniques pour défier les dix commandements de Dieu "
Ils mettent en pratique 3 types de rituels :
1. Le rituel de compassion exercé afin de pouvoir " aider les autres ou soi-même à s'accomplir grâce à la magie,
2. Le rituel sexuel réalisé dans l'optique d'augmenter " les plaisirs sexuels et de développer l'initiation au satanisme afin de naitre dieu en soi,

3. Le rituel de destruction qui vise à détruire psychiquement un adversaire.

Le rituel est effectué à partir d'un pacte de sang et de pratiques sexuelles.

Les satanistes prient " BAPHOMET", une idole ailée à tête de bouc depuis longtemps vénérée par les occultistes et dans les pratiques sataniques. C'est le 25 juillet 2015 que le temple satanique de Détroit aux USA avait dévoilé l'imposant statut de BAPHOMET (Satan). L'invitation à cette cérémonie était annoncée :

" Le temple satanique vous invite à le rejoindre pour une nuit de chao, de bruit et de débauche"

Ses fidèles prêtent allégeance à Lucifer en récitant " Ave Satan" et arborent des cornes de diable lors de cérémonies face à une croix érigée à l'envers.

Ma sœur et frère racheté, il ressort clairement que les satanistes adorent la statue de BAPHOMET/ Satan pour se moquer du Dieu Vivant, une démarche de défiance et de rébellion face à notre Créateur. De même pour les adorateurs de la statue de la vierge Marie instituée par le Catholicisme romain. Car ils (elles) se moquent de Dieu et refusent le premier commandement de Dieu : Exode 20: 3 " Tu n'auras pas d'autres dieux devant ma face"

Deutéronome 6:5 " Tu aimeras l'Eternel, ton Dieu, de tout ton cœur, de toute ton âme et de toute ta force " ce qui a été confirmé à Satan par le Fils de Dieu lui-même lors de leur face à face au moment de la tentation : Mathieu 4: 10 " Jésus lui dit : retire- toi, Satan ! Car il est écrit : Tu adoreras le Seigneur, ton Dieu, et tu le serviras lui seul "

Chers voisines et voisins adorateurs des statues vous serez punis sévèrement le jour du jugement.

Que celui qui a des oreilles entende ce que L'Esprit dit aux Eglises.

TERRE ÉCOUTE LA VOIX DU SEMEUR

LES ILLUMINATI ET LE NOUVEL ORDRE MONDIAL : UN COMPLOT CONTRE LE FILS DE L'HOMME

A ma sœur et frère racheté,

Les Illuminati ou " la Confrérie du Serpent " et/ ou " la fraternité du serpent * a été fondée en milieu du 18 ème siècle par un Jésuite du catholicisme romain ADAM WEISHAUPT sur le model du franc-maçon, une société secrète dont le but est d'installer le " bonheur universel " grâce à la liberté de pensée : " un nouvel ordre mondial " . L'origine des Illuminati se situe dans l'ancienne Mésopotamie ou les anciens sumériens de l'antiquité parlaient d'illuminés des gens brillants doués d'une intelligence hors commun. Le nouvel ordre mondial est prononcé par Georges Bush (père) en mars 1991 devant le Congrès américain, au lendemain de la victoire militaire de la coalition ressemblant les Nations Unies contre l'Irak de SADAM HUSEIN. Donc les Illuminati est un groupe des personnes qui possèdent un certain nombre des moyens et connaissances qui sont cachées du grand public afin de maintenir une supériorité sur ce dernier et ainsi mieux le manipuler. Parce qu'elles savent, ces personnes s'appellent " les Illuminati (ceux qui savent, les éclairés).

La tête pensante des Illuminati reste le fameux groupe de "Bilderberg", une sorte de gouvernement mondial occulte fondée en 1954 à l'hôtel Bilderberg à Osterbeek à l'invitation du Prince BERNHARD des Pays-Bas, Co - fondateur avec David Rockefeller.

Ils sont extrêmement puissants et se réunissent dans l'ombre pour prolonger et développer les plans de domination mondial. C'est un complot pour détruire l'humanité, une fraternité des antéchrist pour institué la bête (Anti- Christ), les malheurs de nombreux pays y compris la RDC, mon pays vient de ces Antéchrist :

1 Jean 5: 19 - 20 " Nous savons que nous sommes de Dieu et que le monde entier est sous la puissance du malin. Nous savons également que le Fils de Dieu est venu, et qu'il nous a donné l'intelligence pour connaître, le véritable, et nous sommes dans le Véritable en son fils Jésus Christ, c'est lui qui est le Dieu Véritable, et la vie éternelle"

Ma sœur et frère racheté, n'adhère pas à ce mensonge du diable, Dieu est au contrôle de " tout". Demeurez du côté de la vérité qu'est le Fils de l'homme, notre Sauveur et Seigneur.

TERRE ÉCOUTE LA VOIX DU SEMEUR

LA FRANC-MACONNERIE : L'ESPRIT D'ANTECHRIST

A ma sœur et frère racheté,

La franc-maçonnerie ou l'Ordre des Maçons Anciens, Francs et Acceptés est une société initiatique et philosophique, les textes fondateurs établis entre 14 - 15eme siècles.

Selon Claude Bedos, auteur de la Méthode initiatique maçonnique, Paris, Delvad, 2017, la franc- maçonnerie a une doctrine, même si elle n'est jamais explicitement formulée, puisqu'elle diffuse un enseignement. Elle peut être définie à la fois comme " une association ésotérique et initiatique "et" une société de pensée".

La méthode de travail se caractérise par son orientation humaniste et ses fondements traditionnels. Les composantes de sa démarche ésotérique sont :

L'initiation, le symbolisme, l'utilisation de la parole, la transmission de la tradition maçonnique et l'enseignement en loge où se passe l'initiation et la ritualisation.

Dans la loge la figure de Christ y est bien présente mais c'est un autre Jésus càd le diable qui se profile à l'ombre des loges maçonniques. Le Jésus des maçons est moins **le MESSIE, NOTRE DIEU SAUVEUR / LE FILS DE L'HOMME.** Cause pour laquelle, on parle de Jésus en tout et partout ces temps de derniers jours.

La franc- maçonnerie est une grosse mascarade de la foi chrétienne au service de Lucifer/ diable/ menteur/ dragon/ satan. Les gens sont trompés en disant qu'ils peuvent être franc-maçons et demeurer " chrétiens / chrétienne " .

Dieu merci comme Ils resteront " chrétiens/ chrétiennes jamais " racheté (e) de notre maitre Dieu sauveur" avec comme destination finale " le jugement ensemble avec celui qui les a trompé "

Ma sœur et frère racheté, vous êtes averti, le nom de Jésus est sur les lèvres de plusieurs agents du diable dans le monde.

Les Saintes écritures vous exhorte : Colossiens 2: 8 - 10 "Prenez garde que personne ne fasse de vous sa proie par la philosophie et par une vaine tromperie. S'appuyant sur la tradition des hommes, sur les principes élémentaires du monde et non sur Christ" Faites attention ma sœur et frère racheté ce sont des faux docteurs qui introduisent des sectes pernicieuses :

2 Pierre 2 : 1 - 3 "Il y a parmi le peuple de faux prophètes et il y aura de même parmi vous de faux docteurs, qui introduiront sournoisement des sectes pernicieuses et qui, reniant le maitre qui les a rachetés, attireront sur eux une ruine soudaine. Plusieurs les suivront dans leurs dérèglement, et la voie de la vérité sera calomniée à cause d'eux".

Que celui qui a des oreilles entende ce que L'Esprit dit aux Églises.

TERRE ÉCOUTE LA VOIX DU SEMEUR

LA ROSE CROIX : L'ESPRIT D'ANTECHRIST

A ma sœur et frère racheté,

LA ROSE - CROIX est également une science occulte, le chemin vers le satanisme. L'ennemi du Dieu Vivant / Satan/ diable / menteur a été vaincu sur " la croix " par notre Dieu sauveur qui a ouvert le chemin vers la vie éternelle. Satan en revanche s'est fait " sa propre croix " la ROSE- CROIX" qui ouvre le chemin vers la mort éternelle.

C'est l'Ancien et Mystique Ordre de la Rose - Croix (AMORC). Cette secte fondée par Henri Lewis affirme " Jésus Christ n'est ni Dieu, ni Seigneur ni Sauveur " Le fondateur l'affirme dans son livre " la vie mystique de Jésus Christ, page 41 " la doctrine rosecrusienne démontre ainsi son visage ANTECHRIST en niant la personne et la divinité de Jésus Christ, sa mort et sa résurrection.

La Rose- croix conteste la Bible dans la revue Rose croix, été 1985, numéro 134.

La Rose croix est fondée sur les fables et la manipulation historique. Pour Henri Lewis : " Jésus Christ est né de parents " gentils " C'est à dire " païens " Et Jésus Christ ne serait pas vraiment mort sur la croix, il serait évanoui et aurait été réanimé et soigné après crucifixion ! Il serait ensuite parti en Inde s'initier jusqu'à 70 ans à la mystique. Donc nie la mort et la résurrection de notre Dieu Sauveur.

La Rose- croix nie la résurrection des morts et de l'Eglise du Christ au profit de la réincarnation.

La Bible dément la réincarnation, Hébreux 9: 27-28 " Et comme il est réservé aux hommes de mourir une seul fois, après quoi vient le jugement, de même Christ qui s'est offert une seul fois pour porter les pêchés de plusieurs, apparaîtra sans péché une seconde fois à ceux qui l'attendent pour le salut "

Les pratiques et les signes ésotériques de la Rose croix sont des symboles typiques de l'occultisme et du satanisme par exemple :
Le triangle avec un œil qui contrôle le monde,
La pyramide avec œil,
La croix renversée,
La lettre "S " ou Satan
Les pratiques mystiques ou occultes comme la divination ou voyance spiritisme ou Contact céleste ou terrestre avec les esprits de défunts et des esprits des Grands maîtres et surtout avec la conscience cosmique qui est le diable en personne, l'astrologie, le magnétisme, la cabale et autres pseudo- science secrète des ténèbres.
Ma sœur et frère racheté, nul ne peut servir deux maîtres Satan et Dieu Vivant :
Mathieu 6 : 24 " Nul ne peut servir deux maitres. Car, où il haïra l'un, et aimera l'autre, ou il s'attachera à l'un, et méprisera l'autre, vous ne pouvez servir Dieu et Mammon".
TERRE ÉCOUTE LA VOIX DU SEMEUR

SUKYO MAHIKARI : L'ESPRIT D'ANTECHRIST

A ma sœur et frère racheté,

Quand j'étais jeune Zaïrois, un célèbre musicien Zaïrois chantait : certains Zaïrois ont opté pour le Catholicisme Romain, d'autre pour MAHIKARI d'autres encore pour Mpeve ya Longo et autres mouvements religieux.
C'est quoi c'est art sacré de Lucifer pour déformer/ détruire les âmes ?
SUKYO MAHIKARI selon plusieurs sources citées par Wikipédia est un courant gnostique japonais (Shinshukyo) et Antéchrist. Fondée au Japon en 1959 par KOTANA OKADA, ancien officier de la garde impériale de l'empereur du Japon, tout dévoué à la suprématie de celui-ci. Des révélations

successives donnent à OKADA la mission et le pouvoir (transmissible) de purifier tout homme et l'univers en transmettant la lumière divine par la paume de la main. C'est " l'OKYOME ". A la mort du fondateur une scission oppose le successeur désigné, SEKIGUTSHI dont la secte prospère au Japon à la fille adoptive d'OKADA, KEIJU OKADA. C'est le réseau de cette dernière qui est le plus implanté baptisé "SUKYO MAHIKARI" qui prône "la lumière de vérité".

Les initiations se fond au DOJO comme celui de Kinshasa - RDC en apprenant des cours de trois jours enfin de pratiquer l'art de MAHIKARI pour toute personne de plus de dix ans, on étudie les principes universels qui gouvernent le monde divin, le monde des esprits divins, le monde astral et le monde physique et vice versa. A la fin la personne peut devenir membre de l'association occulte et recevoir un médaillon sacré (OMITAMA).

Dans cette pratique spirituelle de l'art de MAHIKARI, la lumière de dieu càd du diable est transmise par la paume de la main pour revitaliser l'esprit, le mental, le corps physique et acquérir la capacité de faire le voyage astral. Le membre peut progresser vers le cours moyen et supérieur où sont approfondis les principes de l'univers, l'occultisme, la magie, le voyage astral, la divination, le monde invisible et le programme de dieu " SU " pour l'humanité.

Ma sœur et frère racheté, ces pratiques sont interdites par notre Père céleste : Deutéronome 13: 1-3 " S'il s'élève au milieu de toi un prophète ou un songeur qui t'annonce un signe ou un prodige et qu'il y ait accomplissement du signe ou du prodige dont il t'a parlé en disant : Allons après d'autres dieux que tu ne connais point et servons- les ! tu n'écouteras pas les paroles de ce prophète ou de ce songeur, car C'est l'Éternel, votre Dieu, qui vous met à l'épreuve pour savoir si vous aimez l'Éternel votre Dieu, de tout votre cœur et de toute votre âme"

Que celui qui a des oreilles entende ce que L'Esprit dit aux Églises.

TERRE ECOUTE LA VOIX DU SEMEUR

LE MESSAGE DU GRAAL, DANS LA LUMIERE DE LA VERITE : ESPRIT D'ANTECHRIST

A ma sœur et frère racheté,

" La vérité est dans la Parole de Dieu "

Les Saintes écritures confirment que la Parole de Dieu reste l'Unique " vérité ", Jean 17: 17 " Sanctifie- les par ta vérité : ta parole est la vérité " Jean 8 : 32 " Vous connaîtrez la vérité et la vérité vous affranchira " 3 Jean 1: 4 " Je n'ai pas de plus grande joie que d'apprendre que mes enfants marchent dans la vérité " Psaumes 119: 160 " Le fondement de ta Parole est la vérité. Et toutes les lois de ta justice sont éternelles " et surtout que Jésus Christ reste l'Unique vérité, Jean 14 : 6 " Jésus lui dit : je suis le chemin, la vérité et la vie. Nul ne vient au Père que par moi "

Ma sœur et mon frère racheté, la recherche de la vérité en matière religieuse donne lieu en effet à bien des " fausses pistes " pour celles et ceux qui, délaissant les enseignements bibliques préfèrent se hasarder dans les méandres de la pensée philosophique.

La pensée humaine, finie par définition n'est pas en mesure de cerner toute la vérité, d'autant plus si elle décide d'évacuer la révélation divine pour suivre plutôt les théories des " Sages " de ce monde.

Ma sœur et frère racheté, un des Sages de ce monde qui a développé sa propre théorie de la vérité est l'écrivain Allemand ABDU-RU- SHIN qui a remplacé la Parole de Dieu/ la Bible/ les Saintes écritures par son message du GRAAL " la lumière de la vérité ". Il prétend répondre en toute clarté " aux questions concernant l'existence humaine " Or cette existence humaine est l'œuvre de " la Parole qui est Jésus Christ " qu'il rejette, Jean 1: 1-5 " Au commencement était là Parole, et la Parole était avec Dieu, et la Parole était Dieu. Elle était au commencement avec Dieu. Toutes choses ont été faites par elle, et rien de ce qui

a été fait n'a été fait sans elle. En elle était la vie, et la vie était là lumière des hommes. La lumière luit dans les ténèbres, et les ténèbres ne l'ont point reçue " c'est cela ma sœur et frère racheté la lumière de la vérité et non le contraire.
TERRE ECOUTE LA VOIX DU SEMEUR

ECKANKAR, LA RELIGION DE LUMIÈRE ET DE SON : L'ESPRIT ANTECHRIST

A ma sœur et frère racheté,

L'Eckankar, un ordre mystique est le fruit de l'Egypte ancienne. En effet, il y a 5000 ans donc 2000 ans avant Jésus Christ justement à l'époque de Pharaon " OSORKION ", un maître du mysticisme égyptien " GOPAL DAS " s'est mis à enseigner la science du voyage de l'âme qui par la suite sera appelé " ECKANKAR " dans le temps moderne. Cette science occulte était pratiquée dans le secret dans l'ancienne Egypte quand MOÏSE frappe l'Egypte et ses divinités par la main de l'Éternel. La divinité vénéré par les adeptes de cette science était " A - HU dont le deuxième syllabe serait simplement " HU ". Paul Twitchell, le fondateur de L'Eckankar dans le temps moderne eut un Contact mystique avec un maître Tibétain " REBAZOR TARZS (un démon) qui lui apprit le " voyage de l'âme jusqu'à " SUGMAD (HU) , dieu supérieur qui n'est ni masculin ni féminin.
Ma sœur et frère racheté, cet ordre mystique enseigne l'existence d'un Dieu suprême, le créateur qui n'est masculin ni féminin. L'essence spirituelle de Dieu est la lumière et le son. Cette lumière et son constituent L'Eckankar ou esprit saint qui relient chaque être au cœur de dieu. Donc ipso facto elle est Antéchrist. L'actuel chef spirituel d'Eckankar est Harold Klemp, le siège mondial est établi à Minneapolis aux USA.
TERRE ECOUTE LA VOIX DU SEMEUR

VUVAMU, LE CENTRE D'EVEIL SPIRITUEL NEGRO- AFRICAIN : L'ESPRIT D'ANTECHRIST

A ma sœur et frère racheté,

La Bible insiste : 1 Jean 4 : 3 " Et tout esprit qui ne se déclare pas publiquement pour Jésus n'est pas de Dieu, c'est celui de l'Antéchrist, dont vous avez appris la venue, et qui maintenant est déjà dans le monde "

Comme son nom l'indique VUVAMU acronyme de " Vutuka Vana Mpambu Uvidila " , une phrase en Kikongo qui peut se traduire en français par " retrouvons là où nous nous sommes perdus " est un mouvement mystico religieux qui prône le retour à l'authenticité de la race noire. Car selon lui les noirs se seraient perdus à cause de l'adoption des cultures colonialistes. VUVAMU qui tire ses racines dans la province de Kongo Central mal atteinte par l'Evangile qui sauve en RDC enseigne que chacune des races posséde son propre dieu, ses premiers ancêtres, sa terre, sa langue et sa culture auxquels elle doit s'attacher fortement. Mais la race noire aurait perdu les siens à cause de la colonisation qui a apporté ses religions, entre autres " le christianisme" .

Le VUVAMU considère Jésus Christ comme " dieu des blancs " Il manifeste un mépris absolu envers la Bible. Son chef spirituel mfumu NKUSU KIMBU NZALAMPANDA NE NSONGI A NZILA a pour mission principale " la réhabilitation de l'homme noir " pour ce faire VUVAMU met à la disposition des noirs " la loi de la création de la nature en Kikongo " Nsiku Mia Semono Anza " qui se dispense dans le monde. Si les Mormons sont libérateurs des américains, les VUVAMU et plusieurs autres mouvements religieux du Kongo Central libèrent les noirs avec la bénédiction de leur seigneur KIMBANGU " mfumu KIMBANGU "

Ma sœur et mon frère racheté, nous notre Seigneur Jésus Christ de Nazareth a libéré toute l'humanité sur la croix.

TERRE ECOUTE LA VOIX DU SEMEUR

LA DOCTRINE DE LA SEMENCE DU SERPENT DE WILLIAM MARION BRANHAM

A ma sœur et frère racheté,

Des faux prophètes et faux enseignants comme Arnold Murray de Shepherds Chapel, William Marion Branham et le Coréen Sun Myung Moon ont adhéré à la doctrine de la semence du serpent qui affirme que " le péché d'Ève n'était pas que sa désobéissance à Dieu, mais un rapport sexuel avec le serpent, si bien que Caïn serait le fils d'Ève. et du diable "
Donc les descendants de Caïn sont donc les fils du serpent. La chute d'Adam et Ève était de nature sexuelle (immoralité sexuelle et non la nourriture. Cette doctrine part du fait que le péché originel était sexuel, mais n'explique pas pourquoi le reste de la Bible le présente comme un acte de désobéissance.
Ces prophètes citent Genèse 3: 13 pour affirmer que le terme traduit "par tromper " signifie en fait " séduite " Pour eux Abel alors serait le fruit des relations intimes entre Ève et Adam. Lisez William Branham, la parole parlée, série 2, numéro 12, dieu de cet âge mauvais, 1965, page 21.
Que dit la Bible à ce propos : Genèse 4: 1 : " Adam connut Ève sa femme, elle conçut et enfanta Caïn et elle dit j'ai formé un homme avec l'aide de l'Éternel "
Ma sœur et mon frère racheté, il n'y a pas des relations entre les ténèbres et la lumière.
TERRE ÉCOUTE LA VOIX DU SEMEUR

L'ÉGLISE DE JÉSUS CHRIST DES SAINTS DES DERNIERS JOURS : VÉRITABLE LOUP DÉGUISÉ EN JÉSUS CHRIST

A ma sœur et frère racheté,

Les mormons où l'Eglise de Jésus Christ des saints des derniers jours revêtent le nom de Jésus mais sont des loups ravisseurs comme indique les Saintes écritures, Marc 13: 22-23 " Car des prétendus messies et des prétendus prophètes surgiront, ils feront des prodiges et des signes miraculeux tromper, si possible même ceux qui ont été choisis ".

Les mormons affirment qu'un ange , du nom de " Moroni " aurait révélé à leur fondateur Joseph Smith (1805 - 1844), l'existence d'un livre en " Egypte réformé " que Smith aurait traduit avant que l'ange ne le reprenne, ce qui constitue " le livre de mormons " opposé à la Bible une sorte de troisième alliance/ testament avec Dieu (après l'Ancien et le Nouveau testament) . Ce livre légitime en quelque sorte l'idée que le peuple américain est le nouveau peuple élu de Dieu, envoyé dans cette nouvelle terre promise que sont les États Unis. Ainsi les mormons situent " La nouvelle Jérusalem et le jardin d'Eden au Missouri aux USA. Donc Ils rejettent la Bible et la Trinité, leur conception de la Trinité n'a rien à voir avec le christianisme, pour eux le Père, le Fils et le Saint Esprit sont trois dieux séparés.

Ma sœur et mon frère racheté, Éloignez-vous de ces loups nantis en richesses de ce monde mais " Antéchrist " Matthieu 7: 21 " Ceux qui disent : "Seigneur, Seigneur " n'entreront pas tous dans le royaume des cieux, mais seulement Celui qui fait la volonté de mon Père céleste.

TERRE ECOUTE LA VOIX DU SEMEUR

LA SOCIÉTÉ LA TOUR DE GARDE/ WATCH TOWER : L'ESPRIT D'ANTECHRIST

A ma sœur et frère racheté,

Le rôle du prophète est de prévenir le peuple de Dieu car plusieurs Antéchrists sont dans le monde. Les rachetés que nous sommes formulent plusieurs griefs à la secte adventiste de Charles Russell TAZE.

Nous retenons 3 :

1. La Bible falsifiée des Témoins de Jéhovah " la Traduction du Monde Nouveau (TMN) met le terme " Jéhovah " en lieu et place de Dieu, terme grecque et se font appelés alors "Témoins de Jéhovah " en juillet 1931 alors que dès 1923 le terme " YAHWE " avait remplacé le terme " Jéhovah " dans le corps des Ecritures Saintes. Jéhovah est un nom de Dieu créer par erreur il ya de cela quelques siècles sous l'impulsion du diable. Souvenons-nous que les apôtres invités les rachetés à ne pas falsifié la parole de Dieu : 2 Corinthiens 4: 2 " Nous rejetons les choses honteuses qui se font en Secret, nous n'avons point une conduite astucieuse, et nous n'altérons point la parole de Dieu. Mais en publiant la vérité, nous nous recommandons à toute conscience d'homme devant Dieu "

2. La Société Tour de Garde nie la Trinité et la divinité de Jésus Christ notre Dieu sauveur et expose dans ses publications qu'il est seulement homme ordinaire et son histoire n'est que la reprise d'une ancienne histoire.

Or l'apôtre Pierre remplit de l'Esprit de Dieu affirme : Actes 4: 12 " Il n'y a de salut en aucun autre, car il n'y a sous le ciel aucun autre nom qui ait été donné parmi les hommes, par lequel nous devions être sauvés "

3. Selon Wikipédia, le fondateur et les différents sociétaires ont trempé dans les ténèbres de l'occultisme. Charles Russell, le fondateur est né d'un père semble-t-il franc- maçon de haut niveau.

A la mort de Russell, il a été enterré selon les rituels franc- maçonniques. Les cimetières où sont enterrés Russell et les premiers responsables de la société des Témoins de Jéhovah est aujourd'hui au sein d'un immense complexe maçonnique à Pittsburgh aux USA.

Les livres de Russell porte des signes et symboles maçonniques cas de l'emblème de l'élément de l'air qui consiste en un cercle de type disque solaire entre deux ailes.

Ma sœur et mon frère gardons ferme notre foi en Christ qui a fait de nous ses témoins : Actes 1: 8 " Mais vous recevrez une puissance, le Saint Esprit survenant sur vous, et vous serez mes témoins à Jérusalem, dans toute la Judée, dans la Samarie et jusqu'aux extrémités de la terre "

Restez témoin de Christ et non témoin de Jéhovah.

CHRIST DE NAZARETH : UNIQUE VERITE

A ma sœur et frère racheté,

Un usurpateur (l'islam) affirme que le Coran est une vérité. S'il est une vérité, la PAROLE DE DIEU est " la VÉRITÉ" : Jean 17:17 " Sanctifie- les par ta vérité : ta Parole est la vérité " cela est l'intercession de notre Maître auprès du Père.

Chères voisines et voisins, cette vérité s'est faite chair en la personne de Christ de Nazareth : Jean 1:1-4 " Au commencement était la parole et la Parole était avec Dieu, et la Parole était Dieu.Elle était au commencement avec Dieu. Toutes choses ont été faites par elle et rien de ce qui était n'a été sans elle. En elle était là vie et la vie était la lumière des hommes " voilà " la Parole de la foi ". C'est pourquoi notre Messie Christ déclare qu'il est "La vérité " dans Jean 14: 6 " Jésus lui dit : je suis le chemin, la vérité, et la vie. Nul ne vient au Père que par moi "

Alors quelle vérité parle encore le Coran vu que " LA VERITE" est déjà venue bien des siècles avant la naissance de " MOHAMMED " qui a reçu d'un fameux ange un livre douteux appelé " le Coran"? .

Ma sœur et mon frère racheté , sous l'impulsion de leur maître" Satan" tous les Antéchrists ont fait passer toutes sortes d'idée, de pensée comme vérité et prennent ainsi en otage plusieurs âmes. En ce jour, la Sainte Bible vous invite à échapper ces fables des êtres humains et basculer vers la volonté de notre Père qui est aux cieux. Renoncer aux mensonges et aux pratiques sataniques pour apprendre " la Parole de Dieu qu'est la vérité " qui vous libere de la philosophie et de la pensée humaine des agents de Satan au sein de leurs multiples systèmes sans "Dieu Vivant" à savoir " les religions" : Jean 8: 31-32 " Comme Jésus parlait ainsi, plusieurs crurent en lui. Et il dit aux Juifs qui avaient Cru en lui : Si vous demeurez dans ma parole, vous êtes vraiment mes disciples, vous connaîtrez la vérité et la vérité vous rendra libre " . Ce sont les conditions auxquelles votre foi devra répondre pour mener une vraie vie de foi " s'attacher à l'enseignement de Christ de Nazareth, demeurer en lui pour connaître la vérité et par elle, la vraie liberté. La Parole de Dieu vous rend libre en vous ramenant à Dieu qui est votre destination.

Que Celui qui a des oreilles entende ce que L'Esprit dit aux Eglises.

TERRE ÉCOUTE LA VOIX DU SEMEUR

LES VOISINS ET VOISINES QUI N'ENTRERONT PAS DANS LE ROYAUME DE CHRIST ET DE DIEU

Ma sœur et mon frère, vous remercie pour votre choix de la vie éternelle en acceptant votre invitation. Par ailleurs voici le profil des voisines et voisins qui n'entreront pas dans le royaume de Christ et de Dieu : Ephésiens 5:5 " Car sachez-le bien, aucun débauché, ou impur ou cupide, c'est à dire idolâtre, n'a d'héritage dans le royaume de Christ et de Dieu" Dieu ne tolère aucun PECHE et il en est de même de toute personne dont le mode de vie manifeste une immoralité, une impureté et une cupidité chronique. Donc tous ces criminels sexuels y compris sont perdus, demeurent dans leurs PECHES et sont en chemins pour l'enfer.

Merci d'être citoyen du royaume de Christ et de Dieu

TERRE ECOUTE LA VOIX DU SEMEUR

VOTRE INVITATION AU FESTIN DU ROYAUME DE DIEU

Notre Père céleste est extrêmement généreux. Il ne nous propose pas un petit repas. Il veut donner à ses rachetés " le meilleur". Il invite " beaucoup des gens", il n'a pas son clan de favoris". Dieu veut attirer tous les hommes et femme à lui. Son amour est extraordinaire. C'est pourquoi Jésus Christ donne cette parabole : Luc 14:15-24 " Un de ceux qui étaient à table, après avoir entendu ces paroles dit à Jésus : heureux celui qui prendra son repas dans le royaume de Dieu ! Et Jésus lui répondit : Un homme donna un grand repas, et il invita beaucoup de gens, il envoya son serviteur dire aux conviés : venez, car tour est déjà prêt. Mais tous unanimement se mirent à s'excuser. Le premier lui dit : j'ai acheté un champ, et je suis obligé d'aller le voir, excuse-moi, je te prie. Un autre dit : j'ai acheté cinq paires de bœufs et je vais les essayer, excuse- moi, je te prie. Un autre dit : je viens de me marier, et c'est pourquoi je ne puis aller. " Devant ces refus, le maître invita une autre catégorie des gens et jura que ces invités ne gouteront pas de son souper.

Ma sœur et mon frère " Tout est déjà prêt" il a pourvu à tout, il a tout payé sur la croix. Mais malheureusement, il invite tous les humains à venir dans son royaume mais les hommes et les femmes invitées invoquent des excuses plus ridicules les uns que les autres.

Vous bienaimé, acceptez votre invitation et n'écoutez pas comme Ève dans le jardin d'Éden, le dragon/ le diable/ Satan qui tient à vous maintenir dans

l'occultisme, la magie, la sorcellerie, le lavage des cerveaux, la recherche des richesses, les honneurs, le pouvoir du monde, les plaisirs charnels et bien d'autres alliances contre nature.
Merci de renoncer au PECHE et fixé vos yeux vers Jésus Christ qui est la PAROLE: Jean 1:1" Au commencement était la Parole, et la Parole était avec Dieu, et la Parole était Dieu

OR, SANS LA FOI, IL EST IMPOSSIBLE D'ETRE AGREABLE AU DIEU VIVANT

A ma sœur et frère racheté,

Jusqu'où allez-vous tromper vous-même ?
Les Saintes écritures déclarent : Hébreux 11:6" Or, sans la foi, il est impossible de lui être agréable, car il faut que celui qui s'approche de Dieu croie que Dieu existe, et qu'il est le rémunérateur de ceux qui le cherchent "
Qu'est-ce que la foi ?
Les occultistes, les magiciens, les sorciers, les adorateurs d'une statue, les adorateurs des hommes et femmes envoyés spéciaux et autres fanatiques des Antéchrists remplissent les religions au service de Satan. Or la foi est l'attitude par laquelle, l'être humain abandonne toute confiance en ses propres efforts pour le salut. C'est l'attitude d'un racheté (e) qui place complètement sa confiance en Christ de Nazareth, comptant sur lui seul pour tout ce qui signifie " le salut ".
La foi est l'unique moyen par laquelle les êtres humains reçoivent le salut.
Chers voisines et voisins c'est difficile de servir deux maîtres Satan et l'homme de Nazareth, vous êtes dans les confréries, les ordres, les loges, les dojos et autres voies des ténèbres dans lesquels on est en train de vous l'avez les cerveaux (détruire votre âme) et prétendre avoir la foi parce-que vous êtes dans une religion ? Impossible, non et non.

Actes 16:30 " Il les fit sortir, et dit : Seigneurs, que faut-il que je fasse pour être sauvé ? "

Ici le geôlier de Philippes demanda à Paul et Silas " Que dois- je faire pour être sauvé ?" Ils répondirent sans hésitation " Crois au Seigneur Jésus Christ de Nazareth et tu seras sauvé "

Ma sœur et frère racheté sans le Fils de l'homme dans votre cœur vous ne pouvez pas être agréable à Dieu.

Seul le racheté (e) qui place sa confiance en Christ, le Roi des rois et Seigneur des seigneurs a la vie éternelle (Jean 3:16)

Si vous croyez qu'il est le Dieu des blancs, il impossible pour vous d'avoir la foi car C'est lui " La Parole de la foi “. Les samaritains sont restés avec lui pendant deux jours et ils étaient nombreux à croire à cause de sa Parole : Jean 4:41 " Un beaucoup plus grand nombre crurent à cause de sa Parole "

Chers voisines et voisins le nom d'Allah, de la vierge Marie, de Mfumu KIMBANGU, Jéhovah, William Brahanam, Bouddha, SU, BAPHOMET et autres usurpateurs ne sauve pas.

Seul le nom de Christ de Nazareth accorde le salut d'une âme.

Que celui qui a les oreilles entende ce que L'Esprit dit aux Eglises

TERRE ÉCOUTE LA VOIX DU SEMEUR

LA FOI VIENT EN ÉCOUTANT UNIQUEMENT LA PAROLE DU DIEU VIVANT ET NON LES FABLES D'ANTECHRISTS

A ma sœur et frère racheté,

La Sainte Bible / Le Logos Rhema est claire :

Romains 10 : 17 " Ainsi la foi vient de ce qu'on entend et ce qu'on entend vient de la Parole de Christ "

Chers voisines et voisins, vous devenez racheté (e) quand vous écoutez uniquement " le message " et le message c'est " la Parole de Christ de Nazareth " Donc la foi naît du message que l'on entend.

Ma sœur et mon frère, Le Père céleste nous a donné une certaine quantité de foi dès le commencement, maintenant pour permettre à cette petite quantité de foi de grandir, nous devons la nourrir par la Parole de Christ/ Dieu.

Notez bien, ma sœur et frère racheté, pour que notre foi grandisse dans un domaine, nous devons écouter la Parole de Dieu. C'est pour cette raison que Satan avait multiplié les sectes pernicieuses, les religions occultes et autres loges et dojos pour y détruire les âmes.

La Parole de Dieu transforme l'âme détruit par satan.

La prière ne peut pas grandir la foi, elle l'utilise. La mission principale de la prière est de nous mettre en contact avec Dieu et sa puissance.

Ma sœur et frère racheté, le message " c'est celui qui s'appui sur la Sainte Bible " ipso facto le Coran ne donne pas la foi, la catéchèse et l'adoration d'une statue instituée par le Catholicisme romain ne donne pas la foi, les fables autour de KIMBANGU, la Tour de Garde/Réveillez-vous de l'antéchrist " Société des Témoins de Jéhovah, les fables de William Marion BRANHAM qui s'est autoproclamé dieu, les fables des Mormons et des saints de derniers jours, la bible de satan, les fables de la Rose croix, des Illuminati, le message du Graal, le message ECKANKAR , les fables des sorciers, magiciens et autres forces du ténèbres ne donne pas la foi.

Seule la Parole du royaume de Dieu sauve.

TERRE ÉCOUTE LA VOIX DU SEMEUR

UNIQUE CHEMIN, UNIQUE FOI : LE FILS DE L'HOMME

A ma sœur et frère racheté,

En publiant la série de prédication sur les sectes / religions occultes/ Antéchrists, j'ai été sidéré par la réaction de personnes attachées aux religions sous le coup de colère sont arrivés à me demander de les laisser dans leur foi comme s'il y a plusieurs chemins à croire (foi).

Ma sœur et frère racheté tenez bien " Le Fils de l'homme/Christ de Nazareth est " **L'UNIQUE CHEMIN" vers le Dieu Vivant et UNIQUE FOI.**

Vous pouvez avoir une bonne vie et faire beaucoup de bonnes œuvres, mais cela ne vous rapprochera pas de Dieu, vous aurez toujours le péché dans votre esprit et votre cœur, vous ne serez pas capable de vous justifier vous-même ou d'avoir une vraie relation avec le Père qui est aux cieux.

Ne tournez pas le dos au Fils de l'homme et continuer à adorer une statue, de rester dans l'occultisme, dans la sorcellerie, dans la magie, dans le satanisme, les Illuminati, le plaisir de ce monde et autres pratiques des ténèbres car un jour qui arrive, il sera " **UN JUGE** ".

Vous devez reconnaître que vous êtes pécheur et que vous avez besoin du sacrifice sur la croix du Fils de l'homme. Ensuite faire un choix d'abandonner définitivement le péché et être conduit uniquement par le Logos Rhema " La Sainte Bible" sous la conduite de l'Esprit de Dieu jusqu'à son retour qui s'annonce imminent. Sans cela vous êtes simplement fanatique d'un système dans lequel Le Dieu Vivant n'existe pas je dis " votre religion ".

Dieu n'est pas dans une religion mais dans une personne qui s'est repentie et mène au quotidien une vie sans péché, conduit par la Parole de Dieu et par Dieu lui-même à travers son Esprit qui habite en lui:

1. Mathieu 12 : 30 " Celui qui n'est pas avec moi est contre moi et Celui qui n'assemble pas avec moi disperse "

2. Jean 14 : 6 " Jésus lui dit : je suis le chemin, la vérité et la vie. Nul ne vient au Père que par moi.

3. Actes 4:12 " Il n'y a de salut en aucun autre, car il n'y a sous le ciel aucun autre nom qui ait été donné parmi les hommes, par lequel nous devions être sauvés "

4. Actes 2 : 38 " Pierre leur dit : Repentez-vous, et que chacun de vous soit baptisé au nom de Jésus- Christ, pour le pardon de vos péchés, et vous recevrez le don du Saint - Esprit "

5. Jean 3:36 " Celui qui croît au Fils a la vie éternelle : celui qui ne croît pas au Fils ne verra point la vie, mais la colère de Dieu demeure sur lui "

Donc en dehors "du Fils de l'homme " pas de chemin ni de la foi " Ne perdez pas votre temps dans la religion.

TERRE ECOUTE LA VOIX DU SEMEUR

LA FONDATION DE TEL OU TELLE AUTRE PERSONNE

A ma sœur et mon frère,

Dans le royaume de Dieu, les rachetés sont appelés au service d'aide à l'autre comme PHOEBE et le service des bonnes œuvres et d'aumônes en faveur des nécessités comme DORCAS TABITHA.

Dans l'autre royaume du Dragon qui a infiltré ses agents au sein de l'Eglise du Christ c'est l'inverse :

Dans la capitale de mon pays la RDC, la ville de Kinshasa à chaque 2 mètres, vous trouvez la fondation voici tel, la fondation maman telle, l'Eglise de Jésus par son envoyé spécial, comme si lors de sa venue sur terre, Dieu avec nous n'a pas tout accompli sur la croix pour sauver l'humanité, le ministère de ceci et de cela, l'Eglise des noirs, des Kongo, il y manque l'Eglise des bleus, des mauves.. , on y trouve également l'Eglise de la bière et vin, l'Eglise des hommes et femmes

tout en commun et bien d'autres dénominations. Dans tous ces ligablos, tout et alors tout revient au visionnaire, le chef spirituel de sa fondation et les les nécessiteux dans leur misère doivent tout donner pour que le visionnaire fondateur puisse prospérer davantage comme l'a su bien chanter, un chanteur gospel congolais" le pasteur patron"
Ma sœur et mon frère, ces gens ont déjà leur récompense : Romains 16:18 " Car de tels hommes ne servent point Christ notre Seigneur, mais leur propre ventre, et par des paroles douces et flatteuses, ils séduisent les cœurs des simples"
TERRE ECOUTE LA VOIX DU SEMEUR

TABITHA DORCAS LA FEMME PLEINE DES. BONNES OEUVRES ET D'AUMONES

A ma sœur et frère racheté,

La Bible nous parle à l'instar de PHOEBE de Tabitha Dorcas, une femme pleine des bonnes œuvres et d'aumônes : Actes 9:36-37 " Il y avait à JOPPE, parmi les disciples, une femme nommée Tabitha, ce qui signifie Dorcas, elle faisait beaucoup des bonnes œuvres et d'aumônes. Elle tomba malade en ce temps-là et mourut. Après l'avoir lavée, on la déposa dans la chambre haute " La suite de l'histoire est connue, l'apôtre Pierre l'avait ressuscitée de mort à cause de ses bonnes œuvres et d'aumônes.
Ma sœur et mon frère, poussé par l'Esprit de Dieu Tabitha faisait l'aumône qui consiste en des soins dispensés sous forme d'argent ou des nourritures envers les nécessiteux. Les bonnes œuvres c'est être prompte à distribuer ses biens, être libéral. Elle exerçait son Ministère de vêtir celles qui sont dénués et de nourrir les affamés.
Une bonne servante de l'Eglise du Christ à imiter.
TERRE ECOUTE LA VOIX DU SEMEUR

PHOEBE LA FEMME SERVANTE DE L'EGLISE DU CHRIST

A ma sœur et mon frère racheté,

PHOEBE, signifie " Pure et brillante" de caractère, une servante de l'Eglise de CENCHREES, une ville portuaire près de Corinthe, probablement fondée par l'Eglise de Corinthe. Elle est considérée par l'apôtre Paul comme un membre précieuse et fiable de l'Eglise du Christ au point de lui confier l'immense responsabilité d'apporter son épitre à l'Eglise de Rome : Romains 16:1-2 " Je vous recommande PHOEBE, notre sœur, diaconesse de l'Eglise de CENCHREES, afin que vous la receviez en notre Seigneur d'une manière digne des saints, et que vous l'assistiez dans les choses ou elle aurait besoin de vous, car elle en a aidé beaucoup ainsi que moi-même"

Dans l'Eglise primitive, les servantes exerçaient l'hospitalité, s'occupaient des croyants malades, des pauvres, des étrangers , des prisonniers et enseignaient les femmes et les enfants : Tite 2:3-5 " Dis que les femmes âgées doivent aussi avoir l'extérieur qui convient à la sainteté, n'être ni médisantes, ni adonnées aux excès du vin, qu'elles doivent donner de bonnes instructions, dans le but d'apprendre aux jeunes femmes à aimer leur mari et leurs enfants, à être retenues, chastes, occupées aux soins domestiques, bonnes, soumises à leur mari, afin que la parole de Dieu ne soit pas calomniée "

Ma sœur soyez la PHOEBE de ce temps des derniers jours, appréciée par l'apôtre Paul en raison de son ministère " d'aide auprès des autres y compris auprès de Paul lui-même.

TERRE ECOUTE LA VOIX DU SEMEUR

LA FEMME RENCONTRE LE SAUVEUR DU MONDE ET LE CONDUIT VERS LES PAIENS DE LA SAMARIE

A ma sœur et mon frère racheté,

La femme samaritaine découvre le Sauveur du monde et le conduit vers ses concitoyens païens : Jean 4: 39-42 " Plusieurs Samaritains de cette ville crurent en Jésus à cause de cette déclaration formelle de la femme : il m'a dit tout ce que j'ai fait. Aussi, quand les samaritains vinrent le trouver, ils le prièrent de rester auprès d'eux. Et il resta là deux jours. Un beaucoup plus grand nombre crurent à cause de sa parole, et ils disaient à la femme : ce n'est plus à cause de ce que tu as dît que nous croyons, car nous l'avons entendu nous -mêmes, et nous savons qu'il est le Sauveur du monde"

Suite au témoignage simple et direct de la femme samaritaine, plusieurs de ses compatriotes crurent au Seigneur Jésus. Elle avait seulement dit : " Il m'a dit tout ce que j'ai fait" L'accueil réservé au Seigneur le véritable par les samaritains contrastait sensiblement avec celui des juifs. Les samaritains apprécient le sauveur du monde à sa juste valeur, et " le prirent de rester auprès d'eux pendant deux jours.

Un plus grand nombre crurent à cause des paroles du Seigneur le véritable lui-même.

Donc les samaritains ont cruent au sauveur du monde, compris qu'il était vraiment le " Messie" et que les bienfaits de sa mission devaient s'étendre au monde entier.

Ma sœur et mon frère racheté, soyez simple et courageux dans votre témoignage pour Emmanuel Dieu avec nous et il vous élèvera.

TERRE ECOUTE LA VOIX DU SEMEUR

LA PLUS GRANDE ET PERSISTANTE FOI RETROUVEE CHEZ LA FEMME

A ma sœur et frère racheté

Une femme Cananéenne, syro-phénicienne non juive, considérée comme ennemie reconnait la place première d'Israël dans le projet de Dieu, a l'audace de revendiquer une place pour elle aussi. Par son insistance cette femme amène le Fils de l'homme à changer ses plans : Mathieu 15:24-27 " Il répondit : je n'ai été envoyé qu'aux brebis perdues de la maison d'Israël. Mais elle vint se prosterner devant lui, disant : Seigneur, secours- moi ! Il répondit : il n'est pas bien de prendre le pain des enfants, et de le jeter aux petits chiens. Oui, Seigneur, dit-elle, mais les petits chiens mangent les miettes qui tombent de la table de leurs maîtres. Alors Jésus lui dit : femme, ta foi est grande, qu'il te soit fait comme tu veux. Et à l'heure même, sa fille fut guérie"

Voilà en quoi cette femme a fait preuve d'une grande foi. Ayant reconnu le Messie d'Israël elle s'est vraiment humilié devant lui sachant qu'il était " le seul à pouvoir lui venir en aide". Comparée à un petit chien, elle a accepté la comparaison sans fierté, mais a demandé Jésus de la traiter comme on traite les petits chiens, ne serait-ce qu'en leur laissant manger les miettes qui tombent de la table.

Le Fils de l'homme a bien vu une foi plus grande que celle de ses compatriotes qui ne l'accepte pas, voilà pourquoi il exauce sa prière, et sa fille fut guérie.

Ma sœur et mon frère la vraie foi c'est reconnaitre Emmanuel Dieu avec nous comme maitre de votre vie. Il n'ya pas un autre nom qui nous a été donné en dehors de lui. Quiconque évoque son nom est sauvé. Éloignez-vous de gens qui vous disent que c'est une histoire des colonisateurs et autres mensonges du dragon

TERRE ECOUTE LA VOIX DU SEMEUR

LA FEMME QUI A CHOISI LA BONNE PART QUI NE LUI SERA POINT ÔTÉE

À ma sœur et mon frère racheté,

Luc 10:38-42 " Comme Jésus était en chemin avec ses disciples, il entra dans un village, et une femme, nommée Marthe, le reçut dans sa maison. Elle avait une sœur, nommée Marie qui s'étant assise aux pieds du Seigneur, écoutait sa parole. Marthe, occupée à divers soins domestiques, survint et dit : Seigneur, cela ne te fait-il rien que ma sœur me laisse seule pour servir ? Dis-lui donc de m'aider. Le Seigneur lui répondit : Marthe, Marthe, tu t'inquiètes et tu t'agites pour beaucoup de choses. Une seule chose est nécessaire. Marie a choisi la bonne part qui ne lui sera point ôtée"

L'Évangile ici nous raconte l'histoire de deux sœurs de Lazare qui reçoivent Emmanuel Dieu avec nous dans leur maison à Béthanie. Marthe s'attèle aux tâches domestiques, elle cherche à plaire au Seigneur en s'assurant qu'il aura à boire et à manger et que son passage chez elle marquera son cœur. Elle veut s'assurer qu'Emmanuel Dieu avec nous reçoive un accueil digne de Dieu, Rois des rois, Seigneur des seigneurs.

Pendant qu'elle est occupée et agitée mettre tout cela en place, sa sœur Marie est assise aux pieds de Jésus Christ de Nazareth et écoute la parole, elle boit et mange les paroles et enseignements qui sortent de la bouche du Fils de l'homme. Elle oublie tout et veut tirer le meilleur de cette présence de Dieu.

Devant cette situation, Marthe vient se plaindre a Jésus et sa réponse est surprenant : "Marthe, Marthe, tu t'inquites et tu t'agites pour beaucoup de choses, une seule chose est nécessaire. Marie a choisi la bonne part, qui ne lui sera point ôtée".

Ma sœur et mon frère racheté, privilégiez dans votre vie les moments de choix que vous passez avec Dieu, que ce soit dans la méditation de la parole du royaume, dans la louange, adoration, prière ou communion fraternelle...
Merci de veuillez à rester aux pieds d'Emmanuel Dieu avec nous. Car c'est lui la source de vie.

DES FEMMES QUI ONT SUIVI ET SERVI JESUS CHRIST DE NAZARETH

A Ma sœur et mon frère racheté,

A une époque où la femme était reléguée dans sa maison, Marie- Madeleine, Jeanne et Suzanne servaient et accompagnaient Emmanuel Dieu avec nous en prenant sur leurs ressources. C'est un don total. Elles mettent leurs biens et leur activité au service de l'annonce du royaume de Dieu : Luc 8:1-3 " Ensuite, Jésus allait de ville en ville et de village en village prêchant et annonçant la bonne nouvelle du royaume de Dieu. Les douze étaient auprès de lui avec quelques femmes qui avaient été guéries d'esprits malins et de maladies : Marie, dite de Magdala, de laquelle étaient sortis sept démons, Jeanne, femme de Chuza, intendant d'Hérode, Suzanne, et plusieurs autres, qui l'assistaient de leurs biens". Ces femmes et Marie sa mère se vouent à lui pour l'écouter et vivre de sa parole.
En ce temps de derniers jours des femmes veulent travailler pour le royaume de Dieu, malheureusement sont victimes des infiltrés, l'ivraie entré dans l'Eglise du Christ, des bishops, prophètes, chefs spirituels, apôtres et autres pseudo-hommes de Dieu, les faux au service du dragon qui se servent au lieu de servir les dévorent et anéantissent leur élan d'être totalement au service d'Emmanuel Dieu avec nous.

Ma sœur rachetée courage et persévérez comme ces femmes avant vous qui étaient là au moment de sa crucifixion et comme témoin de sa résurrection.
Ma sœur soyez témoin de son retour le jour J
TERRE ECOUTE LA VOIX DU SEMEUR

NOËL : DES VRAIS ET FAUX ADORATEURS

Ma sœur et mon frère racheté,

Dans le dérapage de Noël, retrouvez d'une part les vrais adorateurs, rachetés de l'Eglise du Christ méditant en Esprit et en Vérité sur la mission du Fils de l'homme sur la terre à savoir " faire connaitre Dieu à l'homme et la femme trompés par le dragon : Jean 1:18 " Personne n'a jamais vu Dieu, Dieu le Fils unique, qui est dans le sein du Père, est celui qui l'a fait connaitre" et Jean 14:8-10" Philippe lui dit : montre nous le Père et cela nous suffit. Jésus lui dit : il y'a si longtemps que je suis avec vous, et tu ne m'as pas connu, Philippe ! Celui qui m'a vu a vu le Père". Cette mission a 3 objectifs :

1. Montrer qui est et comment est Dieu,
2. Libérer l'homme et la femme créer à l'image de Dieu et lui offrir le pardon,
3. Offrir à l'homme et la femme la possibilité de revenir comme enfant de Dieu.

Ma sœur et mon frère avez-vous Dieu en vous ?
De l'autre côté, Le faux prophète avec les adorateurs de la Reine des cieux/ reine de la paix en Lingala " maman ya boboto, du folklore avec une duperie ou arnaque" enfant Jésus", un message au monde par Le prophète du monde.
Pendant ce temps le mondain (e) suiveur, arrose la toile avec un message de" joyeuses fêtes" curieusement adressé aux gens " qui n'ont pas Emmanuel Dieu avec nous comme " Maitre". Ainsi les messages ont été envoyés aux personnes non concernées :

1. Aux gens qui ont Mohamad/Mahomet comme leur maitre,

2. Aux gens qui ont comme maitre, un congolais comme moi, qui a consacré sa propre date de Noël, élaborer ses propres écritures saintes et Psaumes qui l'autoproclamé " dieu" (lisez les Psaumes Kimbanguistes),

3. Aux gens qui ne reconnaissent pas le Fils mais sont témoins de Jéhovah,

4. Les divers maîtres de leurs propres religions.

Ma sœur et mon frère tenez ferme et fortifiez-vous dans Emmanuel Dieu avec nous

TERRE ECOUTE LA VOIX DU SEMEUR

LA FEMME VERTUEUSE EST LA COURONNE DE SON MARI

A ma sœur et mon frère racheté du Seigneur le véritable,

Ma sœur, la femme sage/ vertueuse est la couronne de son mari par contre la femme insensée du royaume du dragon le menteur est qualifiée de carie dans les os de son mari : Proverbes 12:4 " Une femme vertueuse est la couronne de son mari, mais celle qui fait honte est comme la carie dans ses os". Le mari de la femme insensée vit une souffrance pareille à celle d'une maladie douloureuse et incurable. C'est pour cette raison que la bible déclare que l'homme peut hériter de ses parents une maison et des richesses mais pas une femme vertueuse du royaume de Christ et de Dieu : Proverbes 19: 14 : On peut hériter de ses pères une maison et des richesses, Mais une femme intelligente est un don de l'Éternel"

Ma sœur soyez la couronne de votre mari et non la carie dans les os de celui-ci.

TERRE ECOUTE LA VOIX DU SEMEUR

LA FEMME INSENSEE DU ROYAUME DU DRAGON LE MENTEUR

A ma sœur et mon frère racheté du Seigneur le véritable,

A chacune son royaume.
Si la femme forte de caractère, celle qui évite le mal, celle qui est retenue et gracieuse (vertueuse) est citoyenne du royaume de Christ et de Dieu par contre la femme insensée est celle du royaume du dragon le menteur : Proverbes 14:1 " La femme sage bâtit sa maison Et la femme insensée la renverse de ses propres mains" La femme insensée ne craint et ne respecte pas Dieu, elle recherche la réputation, la beauté et autres plaisirs charnels dans l'entre temps son foyer s'écroule, ses enfants ne sont pas sauvés et son mari n'est pas heureux.
Merci ma sœur de ne pas être la femme insensée du royaume de l'ennemi du Dieu vivant.
TERRE ECOUTE LA VOIX DU SEMEUR

LA FEMME VERTUEUSE DU ROYAUME DU CHRIST ET DE DIEU

Ama sœur et mon frère racheté du Seigneur le véritable,

L'image de la femme est désacralisée par les publicités, la pornographie, les danses obscènes, les films, musique qui ne parle que de la femme et autres astuces du monde par le mondain(ne) affairiste.
Malgré cela la femme vertueuse du royaume des cieux garde ses 20 traits caractéristiques donnés dans la Bible dans Proverbes 31:1-31.
Ma sœur, la crainte du Dieu vivant dans votre vie vous qualifiera à devenir" la femme vertueuse " et cela fera que notre Père Céleste puisse vous combler de bénédictions dans votre foyer et à l'extérieur. C'est alors que tout ce que vous faites-vous réussira : Josué 1:8-9 " Que ce livre de la loi ne s'éloigne point de ta

bouche, médite- le jour et nuit, pour agir fidèlement selon tout ce qui y est écrit, car c'est alors que tu auras du succès dans tes entreprises, c'est alors que tu réussiras. Ne t'ai- je pas donné cet ordre : Fortifie- toi et prends courage ? Ne t'effraie point et ne t'épouvante point car l'Éternel ton Dieu est avec toi dans tout ce que tu entreprendras " Ma sœur, "vertueuse" en hébreux veut dire KHAH'YIL : forte de caractère, qui évite le mal, retenue et gracieuse.
Merci d'être toi-même ma sœur ne copie pas le monde.
TERRE ECOUTE LA VOIX DU SEMEUR

LA FEMME MONDAINE DU ROYAUME DU DRAGON LE MENTEUR

A Ma sœur et frère racheté du Seigneur le Véritable,

La femme mondaine comme son Père le dragon recherche le faux :
1. La femme mondaine aime les faux cils
2. Elle aime les faux cheveux
3. Elle aime les faux ongles,
4. Elle aime un faux visage et corps dénaturé par les tatouages et divers maquillages inutiles devant Dieu, le créateur.

Ma sœur, la Bible nous conseille de fouir ces gens, nous tenir loin d'eux et mettre rien que la parole de Dieu dans nos cœurs : Psaumes 40:8 -9 " Alors je dis : voici, je viens avec le rouleau du livre écrit pour moi, je veux faire ta volonté, mon Dieu! Et ta loi est au fond de mon cœur "
TERRE ECOUTE LA VOIX DU SEMEUR

LA FEMME SOUMISE DU ROYAUME DE CHRIST ET DE DIEU

A Ma sœur rachetée du Seigneur le véritable,

Une femme rachetée du royaume de Christ et de Dieu ne copie jamais la femme mondaine et n'écoute pas la voix du Dragon / Satan/ diable/ dieu de ce monde qui prône " Égalité femme - homme". La femme rachetée a comme model SARA, femme de notre Père dans la foi ABRAHAM : 1 Pierre 3:1-6 " Femmes, que chacune soit de même soumisse à son mari, afin que si quelques-uns n'obéissent point à la parole, ils soient gagnée sans parole par la conduite de leur femme, en voyant votre manière de vivre chaste et respectueuse. Ayez, non cette parure extérieure qui consiste dans les cheveux tressés, les ornements d'or, ou les habits qu'on revêt. Mais la parure intérieure et cachée dans le cœur, la pureté incorruptible d'un esprit doux et paisible, qui est d'un grand prix devant Dieu. Ainsi se paraient autrefois les saintes femmes qui espéraient en Dieu, soumises à leur mari. Comme Sara, qui obéissait à Abraham et l'appelait son Seigneur, c'est d'elle que vous êtes devenues les filles, en faisant ce qui est bien, sans vous laisser troubler par aucune crainte " Ma sœur rachetée abstenez-vous du PECHE, soyez conduite par l'Esprit de Dieu, écoutez et mettez en pratique la parole du royaume.
TERRE ECOUTE LA VOIX DU SEMEUR

LA PUISSANCE ET LE FEU DE L'ESPRIT DU DIEU VIVANT

A ma sœur et frère racheté,

Une fois baptisé par l'Esprit du Dieu Vivant, celui que les mondains ne connaissent pas et n'ont pas, le monde le saura par sa manifestation en nous, cas pratique de l'apôtre Pierre : Actes 3:6-7 " Alors Pierre lui dit : je n'ai ni argent,

ni or, mais ce que j'ai, je te le donne : au nom de Jésus de Nazareth, lève-toi et marche. Et le prenant par la main droite, il le fit lever. Au même instant, ses pieds et ses chevilles devinrent fermes "
Au lieu de considérer cet homme comme un malheureux sans espoir, Pierre le vit comme quelqu'un en qui la puissance de Dieu pouvait se manifester.
Ma sœur et frère racheté " si nous sommes conduits par l'Esprit, nous poserons notre regard sur ceux que Dieu a l'intention de bénir et non le contraire"
Pierre n'avait rien à lui donné. En revanche, il pouvait lui offrir quelque chose de meilleure par l'autorité de Jésus Christ de Nazareth, il ordonna à l'homme : lève-toi et marche.
Un vieux prédicateur eut ce mot d'esprit : l'infirme demandait des sous, il reçut des jambes.
On rencontre que Thomas d'Aquin rendait visite au Pape au moment où l'on comptait d'importantes sommes d'argent. Le Pape se vantait : "Nous ne pourrons plus dire comme Pierre : je n'ai ni argent ni or " Thomas d'Aquin répondit " Vous ne pouvez pas dire non plus comme Pierre " Lève-toi et marche".
La vie spirituelle comporte un curieux mélange de divin et d'humain " Pierre aide cet homme à se relever, puis Dieu accomplit la guérison.
Ma sœur et frère racheté, soyez remplit de l'Esprit du Dieu Vivant et de feu.
TERRE ÉCOUTE LA VOIX DU SEMEUR

LE BAPTÊME DE L'ESPRIT DU DIEU VIVANT ET DE FEU

A ma sœur et frère racheté,

Au moment du baptême de Jésus Christ, il y a cette promesse que "lui baptisera dans l'Esprit saint et le feu" : Matthieu 3:11 "Moi je vous baptise d'eau, pour la repentance, mais celui qui vient après moi est plus puissant que moi, et je ne suis pas digne d'ôter ses souliers. Lui, il vous baptisera du Saint Esprit et de feu".

Ma sœur et mon frère racheté, l'Esprit de Dieu est envoyé par Jésus Christ seul après repentance pour vous conduire vers une vie sans péché et l'obéissance à la parole de Dieu. C'est cela la nouvelle naissance.

A la fin de l'évangile de Jean 20:22, les disciples ont ainsi plongés dans l'Esprit mais ils recevront effectivement l'Esprit de Dieu au moment de la Pentecôte selon la promesse de Jésus Christ " Après ces paroles, il souffla sur eux et leur dit : Recevez le Saint Esprit".

L'Esprit de Dieu, c'est Dieu lui-même en tant que souffle de vie, en tant que puissance créatrice : Genèse 1:2 " La terre était informe et vide, il y avait des ténèbres à la surface de l'abîme, et l'Esprit de Dieu se mouvait au- dessus des eaux "

Être plongé dans l'Esprit du Dieu Vivant " c'est être plongé dans cette puissance créatrice de Dieu qui est le souffle de la vie de Dieu insufflé à sa créature. Et donc passer du baptême en Jésus Christ au baptême du Saint-Esprit, c'est une invitation à passer du Christ au Dieu Vivant

Ma sœur et frère racheté recevez l'Esprit de Dieu qui est une puissance de vie qui puisse transformer votre cœur de pierre en cœur de Dieu.

TERRE ECOUTE LA VOIX DU SEMEUR

ÊTRE CONDUIT PAR L'ESPRIT DE DIEU

A ma sœur et frère racheté,

Le rôle primordial de l'Esprit de Dieu est de nous guider dans la sainteté et dans l'obéissance à Dieu. Tout ce qui conduit à la sainteté et à la volonté de Dieu sur terre est du domaine de l'Esprit de Dieu : " Jean 14:16-17 " Quand à moi, je prierai le père et il vous donnera un autre défenseur afin qu'il reste éternellement

avec vous, L'Esprit de vérité que le monde ne peut pas accepter parce qu'il ne le voit pas et ne le connais pas. Mais vous, vous le connaissez, car il reste avec vous et il sera en vous "
Ma sœur et frère racheté, l'Esprit de Dieu doit rester en nous, il nous aide, nous enseigne, nous guide et nous montre les choses à venir.
En tant que racheté, vous et moi ayons l'Esprit de Dieu à l'œuvre.
TERRE ÉCOUTE LA VOIX DU SEMEUR

TOUS CEUX QUI SONT CONDUITS PAR L'ESPRIT DE DIEU SONT FILS DE DIEU

A ma sœur et frère racheté,

La Bible dit clairement que nous sommes tous des créatures de Dieu (Colossiens 1:16) et que Dieu aime le monde entier (Jean 3:16) mais que seuls ceux et celles qui sont nés de nouveau c'est à dire conduits par l'Esprit de Dieu sont ses fils et filles/ son peuple : Romains 8 : 14 " Car tous ceux qui sont conduits par l'Esprit de Dieu sont fils de Dieu".
Ma sœur et frère racheté si vous êtes perdus dans les péchés en dehors d'Emmanuel Dieu avec nous, vous n'êtes pas son fils/ fille.
Dieu vous aligne avec Satan comme ses ennemis : 1 Jean 3:9-10 " Quiconque est né de Dieu ne pratique pas le péché, parce que la semence de Dieu demeure en lui, et il ne peut pas pécher, parce qu'il est né de Dieu. C'est par là que se font reconnaître les enfants de Dieu et les enfants du diable. Quiconque ne pratique pas la justice n'est pas de Dieu, ni Celui qui n'aime pas son frère.
TERRE ÉCOUTE LA VOIX DU SEMEUR

LE SEIGNEUR JÉSUS CHRIST A LES PAROLES DE LA VIE ÉTERNELLE

A ma sœur et frère racheté,

A QUI IRIONS-NOUS ?

L'apôtre Pierre répond au Seigneur Jésus Christ dans Jean 6: 67 - 68 " Jésus donc dit aux douze, Et vous, vous ne voulez- vous pas aussi vous en allez. Simon Pierre lui répondit : Seigneur à qui irions- nous ? Tu as les paroles de la vie éternelle " C'est ici la question fondamentale que pose Simon Pierre au Seigneur à l'heure où plusieurs disciples se retirèrent de lui. En effet pour trouver le bonheur beaucoup de personnes sont désorientées et elles se confient dans les fétiches, marabouts, les ténèbres des occultistes, satanistes, voyants et autres agents du dragon/diable/ Satan qui malheureusement ne peuvent pas les sauver.

Ces personnes gaspillent leurs argents et énergies dans ce qui ne saurait les secourir.

Ma sœur et frère racheté, vous et moi avons besoin de la " Parole de Dieu" pour vivre spirituellement. Car nous ne vivons pas de pain seulement, mais de toute parole qui sort de la bouche de Dieu (Matthieu 4:4).

Croyez et reconnaissez que Jésus Christ est le Saint de Dieu : Philippines 2:11 " et que toute langue confesse que Jésus Christ est Seigneur, à la gloire de Dieu le Père "

TERRE ÉCOUTE LA VOIX DU SEMEUR

NE VOUS CONFORMEZ PAS AU SIÈCLE PRÉSENT MAIS SOYEZ TRANSFORMES POUR LE MONDE A VENIR

A ma sœur et frère racheté,

La Bible déclare : Romains 12:2 " Ne vous conformez pas au siècle présent, mais soyez transformés par le renouvellement de l'intelligence, afin que vous discerniez quelle est la volonté de Dieu, ce qui est bon agréable et parfait.
Ne cherchez pas à vivre comme tout le monde, selon les lois et principes du monde qui vous entourent. Ne copier pas aveuglément ce que les mondains font autour de vous, ne vous laissez pas influencer par la culture du moment dans vos sociétés car le monde a son propre dieu, son propre prince qui s'emploit à l'influencer comme notre Seigneur et Sauveur le dit avant son arrestation : Jean 14: 30 " Je ne parlerai plus guère avec vous, car le prince du monde vient. Il n'a rien en moi “. Son rôle est de vous détruire vis à vis de Dieu : Jean 10 : 10 " Le voleur ne vient que pour dérober, égorger et détruire, moi je suis venu afin que les brebis aient la vie, et qu'elles l'aient en abondance".
Ma sœur et frère racheté, votre choix pour Emmanuel Dieu avec nous c'est la vie éternelle mais en dehors chez l’ennemi, il vous détruit et vous égorge pour la mort éternelle.
Le Seigneur promet à ses rachetés un monde à venir : Luc 20:35 " Mais ceux qui seront trouvés dignes d'avoir part au siècle à venir et à la résurrection des morts ne prendront ni femme ni maris".
TERRE ECOUTE LA VOIX DU SEMEUR

CELUI QUI EST EN VOUS ET PLUS GRAND QUE CELUI QUI INSPIRE LE MONDE

A ma sœur et frère racheté,

Vous n'avez pas à avoir peur du dragon/ Satan/ menteur/ diable et ses agents ni de sa puissance car Jésus Christ qui est en vous par son Esprit est bien plus puissant que le diable : 1 Jean 4:4 " Vous, petits-enfants, vous êtes de Dieu et vous avez vaincu ces prétendus prophètes parce que celui qui est en vous est plus grand que celui qui est dans le monde "

Le jour où vous avez cru en lui, le Seigneur Jésus Christ est venu habiter en vous, il est devenu votre Dieu Sauveur ipso facto votre ennemi, le diable arrive par un chemin et il s'enfuit par sept chemins.

Ma sœur et frère racheté, celui qui dirige et inspire le monde des ténèbres en ce temps de la fin a été vaincu sur la croix : Actes 26: 18 " Je t'envoie leur ouvrir les yeux pour qu'ils passent des ténèbres à la lumière et de la puissance de Satan à Dieu pour qu'ils reçoivent par la foi en moi, le pardon des péchés et une part d'héritage avec les saints".

Vous êtes né de Dieu et donc vainqueur :

1 Jean 5; 4 "Puisque tout ce qui est né de Dieu remporte la victoire contre le monde, et la victoire qui a triomphé du monde, c'est votre foi".

Donc Dieu est plus puissant que le dragon/Satan/diable.

TERRE ECOUTE LA VOIX DU SEMEUR

ET MOI, JE SUIS AVEC VOUS TOUS LES JOURS, JUSQU'À LA FIN DU MONDÉ (FIN DES TEMPS)

A ma sœur et frère racheté,

Notre Seigneur sera présent partout où se trouvent ses rachetés, il est " le Dieu-avec- nous, Emmanuel " : Matthieu 1:23 " La vierge sera enceinte, elle mettra au monde un fils et on l'appellera Emmanuel, ce qui signifie" Dieu avec nous" “. L'apôtre Mathieu conclut son évangile par la promesse de notre maitre de rester avec nous, même après être retourné au ciel, Dieu- avec nous, Jésus Christ le restera jusqu'à la fin des temps : Mathieu 28: 20 " Et enseignez- leur à mettre en pratique tout ce que je vous ai prescrit. Et moi, je suis avec vous tous les jours, jusqu'à la fin du Monde"

Il adresse ces paroles à ses disciples après leur avoir confié la mission d'aller porter son message dans le monde entier tout en sachant qu'il les envoient comme des brebis au milieu des loups et qu'ils rencontreraient oppositions et persécutions. Donc Ils n'ont rien à crainte, il est avec eux. C'est pourquoi la Bible confirme : Mathieu 18:20 " En effet, là où deux ou trois sont rassemblés en mon nom, je suis au milieu d'eux"

Ma sœur et frère racheté, EMMANUEL Dieu en vous est avec vous. Voilà votre assurance.

TERRE ÉCOUTE LA VOIX DU SEMEUR

L'ESPRIT DE DIEU : " UN AUTRE CONSOLATEUR "

A ma sœur et frère racheté,

Notre Dieu sauveur peu avant son arrestation par les juifs, Il réconforte ses disciples.

Il n'allait plus être avec eux du fait que le Seigneur montait auprès du Père, ils resteront seuls comme le maître sera absent physiquement. Le Seigneur était un conseiller pour eux, un guide, un ami pendant qu'il était avec eux. Maintenant il va les quitter, l'autre consolateur devait être donné en compensation pour son absence : Jean 16:7 " Cependant je vous dis la vérité : il vous est avantageux que je m'en aille, car si je ne m'en vais pas, le consolateur ne viendra pas vers vous mais si je m'en vais, je vous l'enverrai "

Notre maître parle de l'Esprit de Dieu et le décrit comme " consolateur" cela veut dire quelqu'un qui allait le remplacer, quelqu'un qui ferait tout ce qu'il faisait avec eux, quelqu'un qui sera présent spirituellement pour les enseigner, les reprendre et les consoler, c'est pourquoi l'on l'appelle " un autre consolateur"

Ma sœur et frère racheté notre premier consolateur était Jésus Christ, après son ascension au ciel, l'Esprit de Dieu, le deuxième consolateur, le remplace avec comme rôle de fournir à tous les rachetés que nous sommes " l'instruction" et la " consolation" que nous aurions en présence du Seigneur Jésus Christ.

C'est pourquoi ma sœur et frère racheté vous n'êtes pas seuls, le maitre par le consolateur est en vous : Colossiens 1:26-27 " Le mystère caché de tout le temps et dans tous les âges, mais révélé maintenant à ses saints. Dieu a voulu leur faire connaître la glorieuse richesse de ce mystère parmi les païens savoir " Christ en vous, l'espérance de la gloire"

Avez-vous Jésus en vous ?

TERRE ÉCOUTE LA VOIX DU SEMEUR

LE DIEU SAUVEUR EST MONTÉ AU CIEL POUR PRÉPARER LE FOYER CÉLESTE AUX RACHETÉS

A ma sœur et frère racheté,

Sur la croix notre sauveur nous a fait Co- héritiers avec lui du royaume du Père céleste.

Avant de monter au ciel, il nous a rassuré qu'il part pour nous préparer une demeure dans la maison de son Père où nous serons avec lui pour l'éternité : Jean 14: 1-3 " Que votre cœur ne se trouble pas ! Croyez en Dieu, croyez aussi en moi. Il y a beaucoup de demeures dans la maison de mon Père. Si ce n'était pas le cas, je vous l'aurais dit. Je vais vous préparer une place. Et puisque je vais vous préparer une place, je reviendrai et je vous prendrai avec moi afin que là où je suis, vous y Soyez aussi"

Ma sœur et frère racheté, croyez en Jésus Christ notre sauveur et n'enviez pas les milliards de voisines et voisins qui eux sont déjà installés dans la Nouvelle Jérusalem situé à Kamba, dans la Province du Kongo central en République Démocratique du Congo préparée par leur libérateur Simon KIMBANGU, ils fêtent avec faste cent ans déjà d'entrée dans leur royaume.

Moi et vous nous attendons le Vrai Sauveur, il reviendra nous chercher pour que nous puissions être avec lui.

Tenez ferme votre foi en Christ notre Seigneur et Sauveur

TERRE ÉCOUTE LA VOIX DU SEMEUR

MAIS QUAND LE FILS DE L'HOMME VIENDRA TROUVERA-IL LA FOI SUR LA TERRE ?

A ma sœur et frère racheté,

Les Habitants de la terre comme à l'époque de Noé s'éloignent de plus en plus de notre Sauveur et Seigneur Jésus Christ en optant pour le mal et non le bien. Venez vivre dans mon pays la RDC pour voir comment les gens deviennent de plus en plus égoïstes, amis de l'argent, conduit par l'esprit mondain, aimant le plaisir que Dieu créateur, des véritables croyants de leurs religions : 1 Jean 2:19 " Ils sont sortis du milieu de nous, mais ils n'étaient pas des nôtres , car s'ils avaient été des nôtres, Ils seraient demeurés avec nous, mais cela est arrivé afin qu'il soit manifeste que tous ne sont pas des nôtres"
Ma sœur et mon frère, nombreux sont appelés mais ne sont pas des élus de notre maître Jésus Christ.
Vous et moi tenons ferme notre nationalité céleste
TERRE ECOUTE LA VOIX DU SEMEUR

SUR LA CROIX LE SEIGNEUR JESUS CHRIST NOUS A FAIT CITOYENS DES CIEUX

A ma sœur et frère racheté,

Vous et moi, notre maitre nous a fait citoyens des cieux. La Bible déclare : Hébreux 9 : 27- 28 " Et comme il est réservé aux hommes de mourir une seule fois, âpres quoi le jugement, de même Christ, qui s'est offert une seule fois pour porter les PECHES de beaucoup d'hommes, apparaitra sans PECHE une seconde fois à ceux qui l'attendent pour leur salut" C'est là notre espérance, celui qui est venu pour ôter les PECHES de plusieurs se manifestera une seconde fois aux hommes et aux femmes de la terre qui ne se sont pas aveuglés par l'égoïsme et le PECHE. Et pour les milliards de voisines et voisins qui maintenant ne croient pas en lui pour leur salut mais croient en une religion, il sera un Juge terrible.

Ma sœur et frère racheté, le jour arrive où le Seigneur apparaitra lors de sa seconde venue, toutes et tous auront la confirmation que le Père céleste a été parfaitement satisfait du sacrifice de son Fils en faveur des rachetés que nous sommes. Alors le salut sera totalement consommé, nous deviendrons " citoyens des cieux" : Philippines 3 : 20-21 : " Mais nous nous sommes citoyens des cieux, d'où nous attendons aussi comme sauveur le Seigneur Jésus Christ qui transformera le corps de notre humiliation, en le rendant semblable au corps de sa gloire, par le pouvoir qu'il a de s'assujettir toutes choses"

Êtes-vous citoyen (ne) des cieux ou croyant (e) de votre religion ?

TERRE ECOUTE LA VOIX DU SEMEUR

LE DIEU VIVANT CONNAIT PARFAITEMENT CE DONT VOUS AVEZ BESOIN MA SOEUR ET FRÈRE RACHETÉ

A ma sœur et frère racheté,

Fuyez tous ces faux serviteurs, infiltrés dans l'Eglise du Christ/ l'ivraie qui vous exige d'offrir pour être béni.

Notre Maitre Jésus Christ s'est offert une fois pour toute sur la croix et connait ce que vous et moi avons besoin à chaque étape de notre vie. Nous devons apprendre à le connaitre toujours plus dans tout ce que nous sommes. Car sachez le bien ma sœur et mon frère racheté, tout ce dont vous avez besoin " est en Jésus Christ " Psaumes 87: 7 " Et : ceux qui chantent et ceux qui dansent s'écrient : Toutes mes sources sont en toi"

Tout ce dont les rachetés ont besoin se trouve en lui et inutile de chercher les solutions vers l'ennemi et ses agents sorciers, marabouts, détenteurs de portefeuille magique, illuminati, occultistes et les dirigeants de ce monde qui exigent des sacrifices de vos parents, frères, sœurs, collaborateurs et de fois créent des accidents et autres tristes évènements pour tuer et avoir la richesse.
Notre Dieu vivant connait nos besoins, il s'est sacrifié pour nous. Rappelez-vous que quelques jours seulement après sa résurrection, il a su que ses disciples n'avaient pas à manger et il est venu à leur secours par une pêche miraculeuse Jean 24:5-6 " Jésus leur dit : Enfants, n'avez-vous rien à manger ? Ils répondirent : Non. Il leur dit : jetez le filet du côté droit de la barque, et vous trouverez. Ils le jetèrent donc, et ils ne pouvaient plus le retirer, à cause de la grande quantité de poissons"
Ma sœur et frère racheté nous sommes ses enfants et il s'occupe de nous.
Raison pour laquelle Philippines 4:19 dit tout simplement " Et mon Dieu pourvoira à tous vos besoins selon sa richesse, avec gloire, en Jésus Christ"
TERRE ECOUTE LA VOIX DU SEMEUR

CE QUE NOTRE DIEU VIVANT A ACCOMPLI SUR LA CROIX

A ma sœur et frère racheté,

Voici ce que notre Seigneur a accompli pour vous et moi sur la croix :
1. Le PECHE qui était la source de notre déformation a été pardonné par le sacrifice de Christ : Hébreux 10:16 -18" Voici l'Alliance que je ferai avec eux, après ces jours- là, dit le Seigneur : je mettrai mes lois dans leur cœur, et je les écrirai dans leur esprit, il ajoute : Et je ne me souviendrai plus de leurs PÊCHES ni de leurs iniquités. Or là où il y a pardon des PECHES, il n'y a plus d'offrande pour les PECHES"

2. Christ a pris sur lui toutes les malédictions qui pesaient sur l'humanité entière : Essaie 53: 4-7 " Cependant, ce sont nos souffrances qu'il a portées, c'est de nos douleurs qu'il s'est chargé, et nous l'avons considéré comme puni. Frappé de Dieu et l'humilité. Mais il était blessé pour nos PECHES, brisés pour nos iniquités. Le châtiment qui nous donne la paix est tombé sur lui. Et c'est par ses meurtrissures que nous sommes guéris. Nous étions tous errants comme des brebis, chacun suivait sa propre voie. Et l'Éternel a fait retomber sur lui l'iniquité de nous tous. Il a été maltraité et opprimé, et il n'a point ouvert la bouche, semblable à un agneau qu'on mène à la boucherie, A une brebis muette devant ceux qui la tondent, il n'a point ouvert la bouche "

3. Il nous a délivrés sous le pouvoir des ténèbres du dragon qui fût à la base de la destruction de l'homme et de la femme

4. Il a supprimé et dépouillé tous les actes qui nous condamnaient " Colossiens 2:14-15 " Il a effacé l'acte dont les ordonnances nous condamnaient et qui subsistait contre nous, et il l'a éliminé en le clouant à la croix, il a dépouillé les dominations et les autorités, et les a livrés publiquement en spectacle, en triomphant d'elles sur la croix.

5. Il a accompli tout le projet de Dieu pour la transformation du monde.

Ma sœur et frère racheté. Il a tout accompli pour nous. Marchons dans cette victoire jusqu'à son retour.

LE DIEU VIVANT EST RESSUSCITE AVEC UN CORPS GLORIFIÉ

A ma sœur et frère racheté,

Notre maitre est ressuscité avec un corps glorifié que vous et moi revêtiront à la résurrection. La séparation de l'âme et du corps est la conséquence directe de la mort. Notre corps s'en ira dans la tombe et notre esprit, lui, rejoindra le Seigneur

Dieu sauveur, cette séparation a lieu jusqu'à la résurrection : Jean 5: 28-29 " Ne vous étonnez pas de cela, car l'heure vient où tous ceux qui sont dans les sépulcres entendront sa voix, et en sortiront. Ceux qui auront fait le bien ressusciteront pour la vie, mais ceux qui auront fait le mal ressusciteront pour le jugement". Le Seigneur affirme que tous les humains sauvés ou non seront physiquement ressuscités des morts. Cependant, seuls les rachetés connaissent la résurrection spirituelle (nouvelle naissance) autant que la résurrection physique pour entrer dans la vie éternelle. Malheureusement les milliards des voisines et voisins rebelles à Dieu ressusciteront pour le jugement et le châtiment éternel, la séparation d'avec Dieu cela veut dire la seconde mort.
Ma sœur et mon frère racheté soyez dans la joie un jour votre corps ressuscitera glorifié et rejoindra votre esprit pour vivre éternellement auprès de celui en qui nous croyons " Le Dieu vivant".
TERRE ECOUTE LA VOIX DU SEMEUR

POURQUOI CHERCHEZ-VOUS LE DIEU VIVANT PARMI LES MORTS ?

A ma sœur et frère racheté,

Tous les imposteurs qui se sont autoproclamés dieux, libérateurs du peuple noir dans mon pays la RDC restent parmi les morts. Mais vous et moi notre maître est le Dieu vivant, la mort n'a pu le retenir : Luc 24-1-5 " Le premier jour de la semaine, elles se rendirent au sépulcre de grand matin, portant les aromates qu'elles avaient préparaient. Elles trouvèrent que la pierre avait été roulée de devant le sépulcre et, étant entrées, elles ne trouvèrent pas le corps du Seigneur Jésus, comme elles ne savaient que penser de cela, voici, deux hommes leur apparurent, en habits resplendissants. Saisies de frayeur, elles baissèrent le visage contre terre, mais ils leur dirent : Pourquoi cherchez-vous, parmi les morts celui qui est vivant ?"

Ma sœur et frère racheté, c'est une joie vraie, profonde, fondé sur cette certitude que désormais, Christ ressuscité ne meurt plus mais qu'il est vivant et qu'il habite dans le cœur de chaque racheté (e).

Un jour vous et moi ressusciteront avec lui car il est notre résurrection : 1 Corinthiens 6:14 " Et Dieu, qui a ressuscité le Seigneur, nous ressuscitera aussi par sa puissance et également Romains 6:8 " Or si nous sommes morts avec Christ, nous croyons que nous vivons aussi avec lui".

Notre Dieu vivant a triomphé du PECHE et de la mort en ressuscitant physiquement. Nous les rachetés qui croient en lui ressusciteront à une nouvelle vie éternelle dans le monde à venir. Malheureusement ceux qui ne croient pas en Christ et suivent les fables des faux serviteurs ressusciteront pour la mort éternelle.

Merci de faire un bon choix d'être parmi les rachetés du Dieu vivant.

TERRE ECOUTE LA VOIX DU SEMEUR.

TOUT EST ACCOMPLI SUR LA CROIX

A ma sœur et frère racheté,

En ce moment de fête de notre libération grâce à la puissance du sang du Seigneur pour notre rachat, marchons dans la célèbre phrase de victoire : Jean 19:30 " Quand Jésus eut pris le vinaigre, il dit : Tout est accompli. Baissant la tête, il rendit l'esprit." C'est à la croix que le mur du PECHE a été renversé, que la facture du pèche a été. Entièrement payée. L'homme/femme a été acquitté et justifié, plus de dette. C'est là que la mort a été vaincue.

Dieu a créé l'homme/ femme, le PECHE l'a déformé et Christ l'a transformé par la croix ! Dans ce petit mot " Tout " il y'a l'homme/ femme, toute l'humanité, toutes les nations, la terre, les animaux, la nature.
Ma sœur et frère racheté, puisque Christ a tout accompli sur la croix, alors, engageons-nous à tous les projets de Dieu, principalement la transformation du monde en Jésus Christ/Seigneur/Dieu sauveur.
TERRE ECOUTE LA VOIX DU SEMEUR

L'ENTREE TRIOMPHALE DU SEIGNEUR/JESUS CHRIST/ DIEU SAUVEUR A JÉRUSALEM

A ma sœur et frère racheté,

Ce jour-là, le Seigneur est entré à Jérusalem assis sur un ânon qu'il avait emprunté et qui n'avait encore jamais été monté. Les disciples ont étendu leurs tuniques sur l'ânon pour que le Seigneur puisse s'assoir dessus et la foule est venue l'accueillir comme " LE ROI" qui vient " au nom du SEIGNEUR" en déposant leurs tuniques et des branches de palmier au sol. Il est ensuite monté au temple où il a enseigné. Guéri les malades et chassé les marchands et échangeurs de monnaie qui avaient fait de la maison de son Père " une caverne de voleurs (Marc 11:17).
En entrant ainsi dans Jérusalem, le Seigneur revendiquait publiquement qu'il était le " MESSIE et ROI d'Israël promis par les prophètes de l'Ancien Testament : Zacharie 9:9 " Sois transportée d'allégresse, fille de Sion ! Pousse des cris de joie, fille de Jérusalem ! Voici, ton roi vient à toi, il est juste et victorieux, il est humble et monté sur un âne, sur un âne, le petit d'une ânesse"
En tant que Roi, il monte à son palais spirituel " LE TEMPLE" car son royaume est spirituel. Il affirme ouvertement devant le peuple qu'il est Roi et Messie qu'ils attendaient.

Ma sœur et frère racheté, le Seigneur n'est pas venu en Roi à la tête d'une armée triomphante, mais comme un humble serviteur. Il ne conquiert pas les nations mais les cœurs et esprits comme Dieu est Esprit.
Que le Seigneur puisse entrée triomphalement en vous, il règne avec paix et amour.
TERRE ECOUTE LA VOIX DU SEMEUR

LE DIEU VIVANT EST PARTOUT

A ma sœur et frère racheté,
Jésus Christ dit à la femme près du puits de Jacob que Dieu est Esprit et qu'il peut être trouvé, il suffit d'avoir l'Esprit de Dieu en vous.
Dieu peut être trouvé partout, il ne se confine pas dans le ciel éloigné et sa présence n'est pas limitée aux lieux d'adoration comme à la Mecque au Moyen orient et autres lieux saints crées par les religions et ces gens qui développent du tourisme au nom de Jésus en Israël et ailleurs.
Nous sommes souvent absorber par les choses du monde, bien qu'il soit en nous ou près de nous. Nous ne savons pas.
Ma sœur et frère voulez-vous rencontrer le Dieu vivant ?
" Dieu sauveur/Jésus Christ/ le Seigneur est le seul chemin à Dieu" : Jean 14:5-6
" Thomas lui dit : Seigneur, nous ne savons où tu vas, comment pouvons-nous en savoir le chemin ? Jésus lui dit : je suis le chemin, la vérité et la vie. Nul ne vient au Père que par moi"
De même quand le geôlier demande : " Que faut-il que je fasse pour être sauver?" l'apôtre Paul répondit " Crois au Seigneur Jésus Christ et tu seras sauvé " Actes 16:30-31 "
Ma sœur et frère Jésus Christ Seigneur est le seul chemin qui conduit vers la vie éternelle, repentez-vous et croyez en lui.
TERRE ECOUTE LA VOIX DU SEMEUR

PUISER LES CONSEILS DIVINS ET LA SAGESSE DANS LA PAROLE DE DIEU OU LA SAINTE BIBLE

A ma sœur et frère racheté,

La Sainte Bible déclare : 2 Timothée 3:16-17 " Toute Écriture est inspirée de Dieu, et utile pour enseigner, pour convaincre, pour corriger, pour instruire dans la justice , afin que l'homme de Dieu soit accompli et propre à toute bonne œuvre"

Le but de la Parole de Dieu ou la Sainte Bible est afin que l'homme et la femme racheté (e) qui est porte-parole de Dieu, qui parle pour Dieu, en qui Dieu habite soit accompli (mur) et propre (équipé) à toute bonne œuvre.

Ma sœur et mon frère racheté, pour que vous effectuiez les œuvres de Dieu sauveur qui vous a racheté par son sang sur la croix de Golgotha, soyez équipé comme un bateau ravitaillé pour naviguer dans la mer, prêt à accepter n'importe quel défi du dragon/ diable/Satan/ menteur/ ennemi de Dieu, notre Père céleste.

Notre Père céleste nous équipe au moyen de sa parole/ la Sainte Bible.

Merci de puiser à chaque instant les conseils divins et la sagesse de la parole de notre royaume. Ne suivez pas celles et ceux qui disent que c'est une histoire des colonisateurs et des blancs et ne croient pas à l'existence du Dieu vivant. Ils ont choisi de servir le maître de ce monde qui les a mentis.

TERRE ECOUTE LA VOIX DU SEMEUR

RACHETÉ (E) REMPLIS DE L'ESPRIT DE DIEU ET CONDUIT PAR LA PAROLE DU ROYAUME

A ma sœur et frère racheté (e),

Après la repentance Dieu vous reconnait racheter (e) et vous remplis de son Esprit, désormais c'est la parole de Dieu qui vous conduit en devenant une nouvelle créature. Les choses anciennes sont passées, notre Seigneur l'avait fait avec les membres de l'Eglise primitive : Actes 4:31 " Quand ils eurent prié, le lieu où ils étaient assemblés trembla, ils furent tous remplis du Saint Esprit, et ils annonçaient la parole de Dieu avec assurance"

Ma sœur et mon frère ils furent tous remplis du Saint Esprit en raison de leur obéissance au Seigneur Jésus Christ. De leur marche dans la lumière qu'est la parole de Dieu et de leur soumission à Dieu et non à la religion. Ils continuèrent à annoncer la parole de Dieu avec assurance.

Êtes-vous remplis de l'Esprit de Dieu et conduit par la parole du royaume de Dieu ?

Ou alors vous êtes seulement un croyant (e) d'une religion/ confession religieuse.

TERRE ECOUTE LA VOIX DU SEMEUR

LA FEMME/HOMME EST JUSTIFIE PAR LA FOI EN JESUS CHRIST

A ma sœur et frère racheté,

Vous avez obtenu la grâce de croire en JESUS Christ. La justification est un acte juridique par laquelle Dieu, le juge de la terre entière déclare que le Pécheur qui croit en Jésus Christ est devenu juste et acceptable devant lui. Parce que Christ a porté son PECHE sur la croix. Ayant été " fait juste" en sa faveur :

Romains 5:18 " Ainsi donc, comme par une seule offense la condamnation a atteint. Tous les hommes, de même par un seul acte de justice, la justification qui donne la vie s'étend à tous les hommes. Car, comme par la désobéissance d'un seul homme beaucoup ont été rendus pécheurs, de même par l'obéissance d'un seul beaucoup seront rendus justes"

Le verbe "justifier" signifie " acquitter" ou déclarer " juste". Il a pour antonymes " déclaré coupable" " condamner" dans un procès.

Ma sœur et mon frère racheté, la justification est l'acte de Dieu par lequel il pardonne votre PECHE vous considérant comme juste et ceci gratuitement, par la grâce, au moyen de votre " FOI EN CHRIST" Non à cause de vos bonnes œuvres mais à cause de la rédemption que Jésus Christ a obtenue en votre faveur : Romains 3:23 -24 " Car tous ont PECHE et sont privé de la gloire de Dieu, et ils sont gratuitement justifié par sa grâce. Par le moyen de la rédemption qui est en Jésus Christ "

Êtes-vous justifié devant Dieu comme RACHETE?

TERRE ECOUTE LA VOIX DU SEMEUR

IL EST VENU LIBERER LES CAPTIFS

A ma sœur et frère racheté,

La Bible déclare : Luc 4: 18-19 " l'Esprit du Seigneur est sur moi, parce que qu'il m'a oint pour annoncer une bonne nouvelle aux pauvres, il m'a envoyé pour guérir ceux qui ont le cœur brisé, Pour proclamer aux captifs la délivrance. " Notre Dieu Tout puissant est venu libérer tous ces milliards de voisines et voisins maintenus dans l'occultisme, la sorcellerie, la magie, le satanisme, les gens qui adorent la statue de la vierge Marie, qui adorent un individu qui se proclame dieu et autres vivant sous l'emprise du PÈCHE.

Ma sœur et frère racheté, vous êtes l'esclave de quelqu'un qui vous a RACHETE et a payé le prix pour vous. Cause pour laquelle il a envoyé son Esprit en vous, c'est Dieu/ Jésus Christ/ le Seigneur. Dans le monde on ne sert que l'un de deux maîtres. L'un de ces deux maîtres, nous a racheté et donne la vie éternelle et l'autre qui maintien les gens en captivité vers la mort éternelle le dragon/Satan/menteur/ diable/. Lui demande à ses serviteurs de verser leur sang pour lui et ses serviteurs souffrent et meurent pour lui.

Ma sœur et frère Dieu a mis devant vous le libre choix : la vie éternelle qu'est Jésus Christ et la mort éternelle qu'est le dragon/Satan/ menteur/ serpent ancien.

A vous de choisir la libération.

TERRE ECOUTE LA VOIX DU SEMEUR

JE RÉPANDRAI MON ESPRIT SUR TOUTE CHAIR

A ma sœur et frère racheté (e),

Sans l'Esprit de Dieu en vous, vous n'êtes pas la pierre vivante dans laquelle Dieu demeure. La Bible déclare : Actes 2:17 " Dans les derniers jours, dit Dieu, je répandrai de mon Esprit sur toute chair : vos fils et vos filles prophétiseront, vos jeunes auront des visions, Et vos vieillards auront des songes " Dieu a promis de répandre son Esprit dans toute sa richesse et son universalité. Le verbe répandre, verser dénote l'abondance du don de l'Esprit. Toute chair signifie l'humanité entière et non dans les maisons dites " cathédrales/maisons de Dieu ".

Par opposition à l'ancienne alliance où l'Esprit de Dieu n'était répandu que sur quelques prophètes. Il n'y a ici aucune distinction ni d'âge (vieillards et jeunes gens) ni de sexe (vos filles et fils) ni de rang (serviteurs et servantes).

Cette promesse s'est accompli le jour de la pentecôte : Actes 2:1-4.

Ma sœur et mon frère, voici la Nouvelle alliance entre Dieu et son peuple " les hommes et les femmes revêtus de l'Esprit de Dieu ont le libre accès auprès du Père céleste" Êtes-vous cette pierre vivante ?
TERRE ECOUTE LA VOIX DU SEMEUR

LE DIEU VIVANT DANS LA PIERRE VIVANTE/LE RACHETE (E)

A ma sœur et mon frère racheté,

Le Dieu vivant est un Dieu jaloux qui ne peut pas demeurer dans des maisons dites de Dieu mais pleines des statues des idolâtres et /ou le chef spirituel est adoré : Exode 20 : 3-5 " Tu n'auras pas d'autres dieux devant ma face. Tu ne te feras point d'image taillée ni de représentation quelconque des choses qui sont en haut dans les cieux, qui sont en bas sur la terre, et qui sont dans les eaux plus bas que la terre. Tu ne te prosterneras point devant elle, et tu ne les serviras point, car moi, l'Éternel, ton Dieu, je suis un Dieu jaloux, " Dieu parle de ces hommes et femmes de religions qui fabriquent des idoles et qui se prosternent devant elles. D'autres encore se prosternent devant des hommes dits chefs spirituels au lieu de lui donner l'adoration qui lui revient à lui seul.
Dieu est jaloux du culte et service qui lui reviennent. Adorer ou servir qui que ce soit ou une statue que lui est un PECHE.
L'adoration et le service d'une pierre vivante qu'est le racheté (e) reviennent à lui seul et ne doivent être donnés qu'à lui.
Ma sœur et mon frère, la louange, l'honneur et l'adoration reviennent à Dieu seul. Car lui seul en est vraiment digne.
TERRE ECOUTE LA VOIX DU SEMEUR

ÊTES- VOUS LA PIERRE VIVANTE SUR LAQUELLE CHRIST EST EN TRAIN DE CONSTRUIRE SON EGLISE ?

A ma sœur et frère racheté,

Le racheté (e) est la pierre vivante sur laquelle Christ est en train de bâtir son Église.
Dieu sauveur est esprit, il n'est pas le Dieu de la religion, une œuvre humaine mais plutôt il est en train de bâtir son Église dans le cœur du racheté.
L'Évangile, la bonne nouvelle a touché beaucoup de cœurs des gens et crée de nouvelles créatures dénommées " rachetés" entrées dans l'Eglise du Christ comme lumineuses, pierres vivantes et maisons spirituelles de Dieu.
D'autres personnes ont choisies la mort, la rébellion contre Dieu ce sont " des pierres mortes, des cœurs non sanctifiés par la parole du royaume et scellés par l'Esprit de Dieu" communément appelées chrétiens (nés), croyant(es) de diverses religions qui sont des temples souillés, détruites et abimés : 1 Corinthiens 3:17 " Si quelqu'un détruit le temple de Dieu, Dieu le détruira, car le temple de Dieu est saint, et c'est ce que vous êtes "
Ma sœur et frère racheté vous êtes la pierre vivante sur laquelle Christ bâtit son Église, temple de Dieu, refusez toute pratique et tout style de vie qui nuit à votre corps physique aussi bien à votre esprit (alcool, drogue, tabac, impudicité, magie, sorcellerie, occultisme, convoitise et autres plaisirs) qui vous détruit. Car Dieu est saint et doit habiter dans un corps saint sans mal ni PÈCHE.
TERRE ECOUTE LA VOIX DU SEMEUR

LE BRISEMENT SPIRITUEL : PRÉALABLE POUR DEVENIR MAISON DE DIEU ET PIERRE VIVANTE

A ma sœur et frère racheté,

Le brisement spirituel est le passage de l'homme et la femme à un être spirituel, passer de l'incirconcision du cœur à la circoncision du cœur, de l'orgueil à l'humilité, de la désobéissance à l'obéissance. Le brisement nous rend parfait devant Dieu. Le brisement est indispensable car il aide le racheté (e) à crucifier sa chair pour atteindre la stature de l'homme fait à l'image du Christ notre sauveur : Ephésiens 4:13-14 " jusqu'à ce que nous soyons tous parvenus à l'unité de la foi et de la connaissance du Fils de Dieu, à l'état d'homme fait, à la mesure de la stature parfaite de Christ. Ainsi nous ne serons plus des enfants flottants et emportés à tout vent de doctrine par la tromperie des hommes par leur ruse dans les moyens de séduction".

Ma sœur et frère, l'apôtre Paul est notre modèle de brisement dans la nouvelle alliance. De Saül de Tarse a Paul, le nouveau sens à la vie d'un homme entier. Saül, un persécuteur de L'EGLISE, qui respirait toujours la menace et le meurtre contre les disciples du Christ rencontre Christ, Dieu sauveur, se convertit et devient Paul voyant dans l'esprit.

Imitons-le pour être la maison spirituelle de Dieu et pierre vivante.

TERRE ECOUTE LA VOIX DU SEMEUR

LE DIEU VIVANT DEMEURE EN VOUS RACHETÉ (E)

A ma sœur et frère racheté,

Notre Dieu sauveur avant de monter au ciel nous a promis qu'il sera avec nous jusqu'à la fin du monde, notre Dieu met son Esprit en chacun de ses rachetés : 1

Corinthiens 3:16 " Ne savez-vous pas que vous êtes le temple de Dieu, et que l'Esprit de Dieu habite en vous ?"

Ma sœur et mon frère racheté, vous êtes la maison de Christ étant donné qu'il n'habite pas les maisons faites des mains d'hommes et des femmes. Dieu s'est construit sa propre maison et cette maison c'est vous et non ces cathédrales et autres immeubles dits maison de Dieu. " L'ensemble des rachetés nés de nouveau à la vie éternelle forme" la maison spirituelle". Les rachetés sont des pierres

vivantes dans la construction du temple spirituel dont Christ est la pierre angulaire (1 Pierre 2-5).

Désormais votre corps et votre esprit lui appartiennent.

Ma sœur et mon frère, glorifiez donc Dieu dans son saint temple spirituel que vous êtes en s'abstenant du PECHE.

TERRE ECOUTE LA VOIX DU SEMEUR

L'EGLISE N'EST PAS UN BATIMENT OU UNE QUELCONQUE RELIGION

A ma sœur et frère racheté,

La Bible déclare : 1 Pierre 2: 4-5 "Approchez-vous de lui, pierre vivante. Rejetée par les hommes, mais choisie et précieuse devant Dieu et vous-même comme des pierres vivantes, édifiez-vous comme des pierres vivantes, édifiez-vous pour former **UNE MAISON SPIRITUELLE,** un saint sacerdoce. Afin d'offrir des victimes spirituelles, agréables à Dieu par Christ".

Nous avons l'habitude d'appeler Église le lieu où se rassemblent les rachetés par le sang d'Emmanuel Dieu sauveur. Nous désignons ainsi un bâtiment Eglise en disant par exemple "je vais à l'Eglise" cette expression créer une confusion.

Dans la Bible le mot " Église" ne désigne jamais un bâtiment, mais c'est le rassemblement des rachetés du sang de l'agneau de Dieu qui ôte le PECHE du monde.

Ma sœur et frère "là où les rachetés se retrouvent, là est l'Eglise" Un regroupement des rachetés en quelque lieu que ce soit c'est là L'EGLISE. C'est dans le rassemblement de ses rachetés qu'Emmanuel Dieu sauveur fait sa demeure. Et ce quel qu'en soit le nombre : Mathieu 18: 20 " Car là où deux ou trois sont assemblés en mon nom, je suis au milieu d'eux " l'Eglise n'est pas l'édifice matériel où les enfants de Dieu se ressemblent mais elle est une construction spirituelle. Cette construction spirituelle a pour fondement Emmanuel Dieu sauveur/ Christ.

Dans l'ancienne alliance Dieu a habité d'abord dans le tabernacle ensuite dans le temple à Jérusalem. Dans la nouvelle alliance, Dieu fait sa demeure dans le rassemblement de ceux et celles qui s'aiment en vérité et qui croient en Emmanuel Dieu sauveur.

Merci de ne pas être fanatique de la religion mais repentez-vous et devenez membre de l'Eglise du Christ

TERRE ECOUTE LA VOIX DU SEMEUR

CHRIST SAUVEUR SEUL CONSTRUIT L'EGLISE ET NON LES HOMMES ET FEMMES

A ma sœur et frère racheté,

Christ de Nazareth a dit : Mathieu 16:18 " Je bâtirai mon Église, et que les portes du séjour des morts ne prévaudront point contre elle" C'est à dire un groupe de croyants rachetés par le sang de Christ. Seul Emmanuel Dieu sauveur construit son Église universelle et établissant des églises locales. Une Église n'est jamais bâtie par les hommes/ femmes et leurs ministères. Nous avons la

responsabilité de prêcher la parole, d'évangéliser et de vivre une vie d'église véritable durant toute la semaine par la communion fraternelle.
Ma sœur et mon frère, " Christ seul possède l'Eglise", il avait dit" Je bâtirai mon Église". En conséquence, personne et alors personne ne devrait jamais citer " Église de Simon Kimbangu " ou de qui que le soit d'autre. Il s'agit de " l'Eglise du Christ". C'est pourquoi en Actes 20:28 , l'apôtre Paul dit aux pasteurs-anciens de l'Eglise d'Éphèse : " Prenez donc garde à vous- même et à tout le troupeau sur lequel le Saint Esprit vous a établis évêques, pour paitre l'Eglise de Dieu, qu'il s'est acquise par son propre sang "
TERRE ECOUTE LA VOIX DU SEMEUR

L'OEUVRE DE DIEU C'EST CROIRE EN CELUI QU'IL A ENVOYÉ EMMANUEL DIEU SAUVEUR

A ma sœur et frère racheté,

Les fanatiques des religions, les infiltrés dans l'Eglise du Christ et autres adorateurs des faux dieux prétendent travailler pour Dieu vivant et pourtant sont loin de notre berger et Roi des rois, sauveur de l'humanité : Jean 6 : 28-29 " Ils lui dirent : Que devons- nous faire pour accomplir les œuvres de Dieu ? Jésus leur répondit : L'œuvre de Dieu, c'est que vous croyiez en celui qu'il a envoyé". Chères voisines et voisins plusieurs sont au service du dragon, le dieu de ce monde, l'œuvre de Dieu consiste à confesser ses PECHES et à recevoir le Fils de l'homme comme Seigneur et Sauveur de votre vie. L'apôtre Paul l'avait bien déclaré aux Galates 2:20 "J'ai été crucifié avec Christ, et si je vis, ce n'est plus moi qui vis, c'est Christ qui vit en moi, si je vis maintenant dans la chair, je vis dans la foi au fils de Dieu, qui m'a aimé et qui s'est livré lui-même pour moi" et 1Pierre 2:22-23 , nous invite à marcher comme lui : Lui qui n'a point commis de PECHE, et dans la bouche duquel il ne s'est point trouvé de fraude, lui qui injurié ne rendait point d'injures, maltraité ne faisait point de menaces, mais s'en remettait à celui qui juge justement"

Ma sœur et frère voilà l'œuvre de Dieu.

TERRE ECOUTE LA VOIX DU SEMEUR

EMMANUEL DIEU SAUVEUR CHEF SUPREME DE SON EGLISE

A ma sœur et frère racheté,

L'Eglise n'a qu'un seul chef, Emmanuel Dieu sauveur, il est la tête du corps, il est le roi qui règne sur le royaume, il est le berger qui dirige le troupeau. Il n'accepte pas de rival, il n'a pas besoin de remplaçant/ intercesseurs ou envoyé spécial.

Christ est au-dessus de toute créature du ciel et sur la terre maintenant et dans les jours à venir : Ephésiens 1:22 " Il a tout mis sous ses pieds, et il l'a donné pour chef suprême à l'Eglise qui est son corps, la plénitude de celui qui remplit tout en tous"

Ma sœur et mon frère, croyez en Emmanuel Dieu sauveur et non en un homme/femme, chef spirituel. Car " toutes choses" aussi bien que tous les êtres créent ont été mises sous ses pieds. Tout le reste de la création sera sous sa domination universelle: Hébreux 2:8 "Tu as mis toutes choses sous ses pieds, En effet, en lui soumettant toutes choses, Dieu n'a rien laissé qui ne lui soit soumis, cependant, nous ne voyons pas encore maintenant que toutes choses lui soient soumises"

TERRE ECOUTE LA VOIX DU SEMEUR

L'ALLIANCE NOUVELLE

A ma sœur et frère racheté,

Emmanuel Dieu sauveur reste le médiateur de la nouvelle alliance ou Nouveau testament : Hébreux 9:15 " Et c'est pour cela qu'il est le médiateur d'une nouvelle alliance, afin que la mort étant intervenue pour le rachat des transgressions commises sous la première alliance, ceux qui ont été appelés reçoivent l'héritage éternel qui leur a été promis" Le nouveau testament est la promesse que Dieu a faite aux hommes et aux femmes de pardonner leurs PECHES et de restaurer sa communion avec ceux qui se tournent vers lui. Le fondement de cette alliance est la mort sur la croix de Jésus Christ de Nazareth : Luc 22: 20 " Il prit de même la coupe, après le souper, et la leur donna, en disant : cette coupe est la nouvelle alliance en mon sang, qui est répandu pour vous".

L'Ancienne alliance avec Israël Dieu l'a établi par Moïse, Israël marchait derrière l'Arche d'alliance. Chères voisines et voisins, cette théorie de dieu au féminin de la vierge Marie, reine des cieux, de la paix établie intercesseurs auprès de Dieu n'est pas biblique. Ça vient du dragon et son faux prophète donc diabolique.

Moise lui-même ainsi que plusieurs prophètes avait annoncé la nouvelle alliance notamment Ézéchiel 36:26-27 " Je traiterai avec eux une nouvelle alliance de paix, et il y aura une alliance éternelle avec eux, je les établirai, je les multiplierai et je placerai mon sanctuaire au milieu d'eux pour toujours. Je serai leur Dieu, et ils seront mon peuple"

Ma sœur et mon frère êtes-vous de la nouvelle alliance ? Car son accomplissement sera visible en deux endroits sur la terre, pendant le millénium et au ciel pour l'éternité.

TERRE ECOUTE LA VOIX DU SEMEUR

IL N'Y A DE SALUT EN AUCUN AUTRE NOM

Ma sœur et frère racheté,

Vous connaîtrez la vérité et elle vous rendra libre : Actes 4:12 " Il n'y a de salut en aucun autre, car il n'y a sous le ciel aucun autre nom qui ait été donné parmi les hommes, par lequel nous devions être sauvés". Chaque personne a été contaminée dès sa naissance par un virus redoutable qui s'attaque à son âme et porte en lui la mort spirituelle. Ce virus c'est le PECHE, une incapacité à ne faire que le bien, à se soumettre à Dieu.

Qui peut donner le vaccin ? Seul et alors " Seul " notre Dieu sauveur par le don de grâce accorde la vie éternelle : 1 Timothée 2:6 " Car il y a un seul Dieu et aussi un seul médiateur entre Dieu et les hommes, Jésus Christ- homme, qui s'est donné lui-même en rançon pour tous.".

Donc le seul vaccin contre ce virus de PECHE dans chaque homme et femme reste " Le Sauveur du monde" qui est en nous " Emmanuel".

Chères voisines et voisins, merci de ne plus invoqué les saints, la statue de la vierge qui a obtenu la grâce de mettre au monde Dieu avec nous et non être adoré en lieu et place de son fils, instituer les lieux saints, invoquer les noms des chefs spirituels qui ne peuvent pas sauver votre âme. L'apôtre Pierre l'a proclamé sans hésiter " il n ' y'a de salut en un autre nom".

TERRE ECOUTE LA VOIX DU SEMEUR

QUINCONQUE EVOQUERA LE NOM D'EMMANUEL DIEU AVEC NOUS SERA SAUVÉ

A ma sœur et frère racheté,

La Sainte Bible déclare : Actes 2:21 " Alors quiconque invoquera le nom du Seigneur sera sauvé"

Ma sœur et frère, connaissez-vous le nom qui sauve ?
Car plusieurs Jésus avec plusieurs représentants spéciaux de Jésus sont dans le monde : Matthieu 1:22-23 " Tout cela arriva afin que s'accomplisse ce que le Seigneur avait annoncé par le prophète : Voici, la vierge sera enceinte, elle enfantera un fils, et on lui donnera le nom D'EMMANUEL, ce qui signifie Dieu avec nous.”. Ce nom a été révéler exceptionnellement aux bergers qui gardaient leurs troupeaux dans les champs et non aux religieux (pharisiens, scribes et autres hommes de la loi de moise), non plus aux hommes d'affaires et au roi et dirigeants politico-militaires.
Ma sœur et mon frère, des milliards des voisines et voisins invoquent le nom de Mahomet, de Marie, maman ya boboto, de Kimbangu, de Bouddha, de Brahanam, de Jéhovah et plusieurs autres chefs spirituels que vous connaissez, mais moi et vous invoquons que "Emmanuelle Dieu avec vous et moi. Quelle grâce d'être élu comme ces bergers!
TERRE ECOUTE LA VOIX DU SEMEUR

LE ROYAUME DE DIEU EST PROCHE, REPENTEZ VOUS ET CROYEZ A LA BONNE NOUVELLE

A Ma sœur et frère racheté, le Seigneur le véritable déclare que le royaume de Dieu appartient à celles et ceux qui se repentent et croient a la parole du royaume : Marc 1:14-15 " Après que Jean eut été livré, Jésus alla dans la Galilée, prêchant l'Évangile de Dieu. Il disait : le temps est accompli, et le royaume de Dieu est proche. Repentez-vous, et croyez à la bonne nouvelle”.
Avec la venue sur terre du Roi des rois est survenue une nouvelle ère dans les activités du Dieu vivant en faveur de l'homme et de la femme qu'il avait créé. C'est ça le royaume de Dieu, le règne souverain de Dieu sur le domaine du salut dans le cœur de son peuple racheté.

La repentance et la foi en Jésus Christ, notre Sauveur constituent les réponses indispensables à l'offre gratuite du salut faite par Dieu. L'apôtre Paul l'avait clairement souligné aux anciens d'Éphèse: Actes 20:20-21 " Vous savez que je n'ai rien caché de ce qui vous était utile et que je n'ai pas craint de vous prêcher et de vous enseigner publiquement et dans les maisons, annonçant aux juifs et aux grecs la repentance envers Dieu et la foi en notre Seigneur Jésus- Christ"
Merci de vous repentir et vous conduire par la parole de Dieu car le royaume terrestre de Dieu est proche.
TERRE ECOUTE LA VOIX DU SEMEUR

LE ROYAUME DES CIEUX EST A CELLES ET CEUX. QUI SONT COMME DES ENFANTS

A Ma sœur et frère racheté,

Ma sœur et mon frère, le royaume des cieux est gratuit : Marc 10:13-15 " On lui amena des petits enfants, afin qu'il les touche. Mais les disciples reprirent ceux qui les amenaient. Jésus voyant cela, fut indigné, et leur dit : Laissez venir à moi les petits enfants, et ne les empêchez pas, car le royaume de Dieu est pour ceux qui leur ressemblent. Je vous le dis en vérité, quiconque ne recevra pas le royaume de Dieu comme un petit enfant n'y entrera point" Les gens lui amenaient des petits enfants afin qu'il les touche, en d'autres termes qu'il leur impose les mains et prie pour eux et non les baptiser. Le Seigneur explique à ses disciples qui tentaient de donner des reproches que le royaume de Dieu appartient aux enfants et à ceux qui avaient une foi et une humilité d'enfant. L'entrée est gratuite à celle et celui qui a un comportement semblable à un enfant.
Merci d'avoir une foi et une humilité d'enfant exigé pour devenir citoyen du royaume des cieux.
TERRE ECOUTE LA PAROLE DU SEMEUR

TOUT QUITTER POUR SUIVRE SEIGNEUR LE VERITABLE

A ma sœur et frère racheté,

Luc: 9:61-62 " Un autre lui dit : Je te suivrai, Seigneur, mais permets-moi d'aller d'abord prendre congé de ceux de ma maison. Jésus lui répondit : quiconque met la main à la charrue et regarde en arrière n'est pas propre au royaume de Dieu" Cette vérité nous montre clairement qu'il est possible pour une personne d'être impropre au royaume de cieux, même s'il a déjà mis la main sur la charrue. Tout racheté à une tâche à accomplir dans le royaume, celle de servir les intérêts du Roi des rois. S'acquitter des obligations qui concernent le royaume et se mettre au service du Dieu vivant. Le fait d'être chrétien(ne) et appartenir à une religion ne fait pas automatiquement un fils/fille du royaume des cieux. C'est en mettant la main à la charrue que les rachetés démontrent leurs associations avec Christ le véritable, en menant une vie sans PECHE et ses activités sont centrés sur le Dieu vivant. Quiconque prend la décision d'entrer dans le royaume des cieux accepte du coup de consacrer totalement sa vie à Dieu en labourant sa terre (mener une vie de sacrifice et renonçant à soi-même.

Merci d'être un serviteur exploitant la terre que Dieu vous a assignée, sacrifier votre vie pour servir Dieu dans son royaume et le suivre jusque dans la mort

TERRE ECOUTE LA VOIX DU SEMEUR

HEUREUX CEUX QUI SONT PERSÉCUTÉS POUR LA JUSTICE, CAR LE ROYAUME DES CIEUX EST A EUX

Ma sœur et mon frère,

Cette béatitude : Mathieu 5:10 " Heureux ceux qui sont persécutés pour la justice, car le royaume des cieux est à eux " vise celles et ceux qui sont persécutés, non en raison de leurs méconduites/ méfaits mais parce qu'ils acceptent le Roi des rois, le juste, la justice elle-même, le Fils de l'homme. Le royaume de Dieu est promis à tous les rachetés qui souffrent parce qu'ils font les biens, se sont séparés définitivement **des PECHES.**

Leur intégrité condamne le monde impie dirigé par le Dragon et révèle son hostilité. Les milliards des voisines et voisins haïssent la vie juste parce qu'elle met en lumière leur injustice. Et l'évangéliste Luc 6:22, explicite : " Heureux serez-vous, lorsque les hommes vous haïront, lorsqu'on vous chassera, vous outragera et qu'on rejettera votre nom comme infâme, à cause du Fils de l'homme !"

Ma sœur et mon frère acceptez d'être haït là où vous êtes parce que vous refusez d'entrer dans l'occultisme, la sorcellerie, la magie et autres lavage des cerveaux le royaume des cieux est à vous

TERRE ECOUTE LA VOIX DU SEMEUR

HEUREUX LES PAUVRES EN ESPRIT CAR LE ROYAUME DES CIEUX EST A EUX

Ma sœur et mon frère,

Le sermon débute par les béatitudes qui dépeignent le citoyen idéal du royaume de Christ : Mathieu 5: 2-3 " Puis, ayant ouvert la bouche, il les enseigna et dit : Heureux les pauvres en esprit, car le royaume de cieux est à eux" Les mondains considèrent que le bonheur peut être atteint par les richesses, l'amusement, l'abondance, les loisirs et les choses semblables Causes pour laquelle une minorité conduit par Satan s'accapare des richesses et fait souffrir la majorité surtout en RDC, mon pays. Mais la vérité est tout autre car en dehors de la grâce divine, il n'y a pas de vie éternelle. C'est pour cette raison que nous, les citoyens du royaume des cieux sommes pauvres en esprit qui n'est pas un état naturel mais une disposition délibérément choisie qui nous permet de reconnaître notre

impuissance innée et se soumettre à la toute-puissance de notre Père céleste. S'attendre à ce que nos besoins spirituels soient comblés par le Dieu vivant
Merci de se reconnaitre pauvre en esprit car le royaume est à vous
TERRE ECOUTE LA VOIX DU SEMEUR

SI VOUS NE VOUS CONVERTISSEZ PAS VOUS N'ENTREREZ PAS DANS LE ROYAUME DES CIEUX

A Ma sœur et frère racheté,

Efforçons nous à nous comporter conformément aux enseignements du Seigneur pour entrer dans son royaume, il exige la conversion et l'humilité du racheté (e): Mathieu 18:3-4: "Jésus dit : je vous le dis en vérité, si vous ne vous convertissez et si vous ne devenez comme les petits enfants, vous n'entrerez pas dans le royaume des cieux. C'est pourquoi, quiconque se rendra humble comme ce petit enfant sera le plus grand dans le royaume des cieux"
Merci de vous convertir car le royaume des cieux est à vous
TERRE ECOUTE LA VOIX DU SEMEUR

DES CITOYENS DU ROYAUME

Ma sœur et mon frère racheté, peu importe où nous vivons sur la terre, si nous avons cru en JESUS CHRIST DE NAZARETH, Unique Roi des rois et Seigneur des Seigneur, nous sommes CITOYENS DU ROYAUME DES CIEUX. Ce royaume évoque donc l'autorité et la prééminence de notre Seigneur qui règne dans le cœur de ses fidèles rachetés. Étant donné que nous sommes toutes et tous citoyens de ce royaume, nous y régnerons avec lui : Matthieu 25:31-34: " Lorsque le Fils de l'homme viendra dans sa gloire, avec tous les anges, il s'assiéra sur le trône de sa gloire. Toutes les nations seront assemblées devant lui. Il séparera les uns d'avec les autres, comme le berger sépare les brebis d'avec les boucs, et il mettra les brebis à sa droite, et les boucs à sa gauche. Alors le roi dira à ceux qui seront à sa droite : venez, vous qui êtes bénis de mon Père, prenez possession du royaume qui vous a été préparé dès la fondation du monde" et Apocalypse 3:21-22 " Celui qui vaincra, je le ferai asseoir avec moi sur mon trône, comme moi j'ai vaincu et me suis assis avec mon Père sur son trône. Que celui qui a des oreilles entende ce que l'Esprit dit aux Églises "

Merci de vous conduire en citoyen du royaume

TERRE ECOUTE LA VOIX DU SEMEUR

LE ROYAUME DE DIEU CE N'EST PAS LE. MANGER ET LE BOIRE DU VIN

Ma sœur et mon frère,

Le royaume de Dieu/ou des cieux est la sphère du salut où le Dieu vivant règne dans le cœur de la personne qu'il a rachetée" : Actes 1:3 "Après qu'il eut souffert, il leur apparut vivant et leur en donna plusieurs preuves, se montrant à eux pendant quarante jours et parlant des choses qui concernent le royaume de Dieu" et l'apôtre Paul déclare : 1Corinthiens 6:9-10 " Ne savez-vous pas que les injustes n'hériteront point le royaume de Dieu ? Ne vous trompez pas: ni les débauchés, ni les idolâtres, ni les adultères, ni les efféminés, ni les homosexuels, ni les voleurs, ni les cupides, ni les ivrognes, ni les outrageux, ni les ravisseurs n'hériteront le royaume de Dieu" Un racheté (e), ne s'adonne pas au manger et au boire (des pratiques extérieurs qui ne sont pas essentielles pour sa vie spirituelle : Romains 14:17 " Car le royaume de Dieu ce n'est pas le manger et le boire, mais la justice, la paix et la joie, par le Saint-Esprit" Mais pratique au quotidien la justice, vit dans la paix et la joie par le Saint-Esprit.

Merci d'abandonner les plaisirs du monde et laisser Dieu régner dans votre cœur jusqu'au retour de Jésus Christ de Nazareth.
TERRE ECOUTE LA VOIX DU SEMEUR

SI VOUS NE VOUS CONVERTISSEZ PAS VOUS N'ENTREREZ PAS DANS LE ROYAUME DES CIEUX

A Ma sœur et frère racheté,

Efforçons nous à nous comporter conformément aux enseignements du Seigneur pour entrer dans son royaume, il exige la conversion et l'humilité du racheté (e): Mathieu 18:3-4: "Jésus dit : je vous le dis en vérité, si vous ne vous convertissez et si vous ne devenez comme les petits enfants, vous n'entrerez pas dans le royaume des cieux. C'est pourquoi, quiconque se rendra humble comme ce petit enfant sera le plus grand dans le royaume des cieux"
Merci de vous convertir car le royaume des cieux est à vous
TERRE ECOUTE LA VOIX DU SEMEUR

JESUS CHRIST DONNE SEPT PARABOLES POUR NOUS AIDER A COMPRENDRE A QUOI RESSEMBLE LE ROYAUME DES CIEUX

A Ma sœur et frère racheté,

Notre Seigneur veut nous faire comprendre à quoi ressemble le royaume dans lequel nous sommes citoyens (nés). C'est pour cela qu'il a enseigné par ces 7 paraboles : Mathieu 13: 1-53 (parabole du semeur, parabole du blé et l'ivraie, parabole du grain de Sénevé, parabole de levain, la parabole du trésor caché, la parabole de grand prix et celle de filet.

LE ROYAUME DE CIEUX RESSEMBLE AU SEMEUR

Mathieu 13:4 -8 , ici le semeur est partit pour semer, une partie de semences tombe le long du chemin et les oiseaux les a mangés, d'autres sont tombés dans des endroits pierreux sans terre et le soleil les a brûlé, d'autres sont tombés parmi les épines et sont étouffés mais une bonne partie est tombé dans la bonne terre et donne du fruit. Au verset 19-23, le Seigneur déclare pour expliciter la parabole : " Lorsqu'un homme écoute la parole du royaume et ne la comprend pas, le malin vient et enlève ce qui a été semé dans le cœur : cet homme est celui qui a reçu la semence le long du chemin. Celui qui a reçu la semence dans les endroits pierreux, c'est celui qui entend la parole et la reçoit aussitôt avec joie mais il n'a pas de racines en lui- même, il croit pour un temps, et, dès que survient une tribulation ou une persécution à cause de la parole, il y trouve une occasion de chuter. Celui qui a reçu la semence parmi les épines, c'est celui qui entend la parole, mais en qui les soucis du siècle et la séduction des richesses étouffent cette parole, et la rendent infructueuse. Celui qui a reçu la semence dans la bonne terre, c'est celui qui entend la parole et la comprend, il porte du fruit, et un grain en donne cent, un autre soixante, un autre trente"

Ma sœur et mon frère êtes-vous cette bonne terre qui a reçu la parole du royaume qui vous a transformé et vous donnez ce jour le fruit de la repentance?

TERRE ECOUTE LA VOIX DU SEMEUR

DEUXIEME PARABOLE : LE ROYAUME DES CIEUX RESSEMBLE AU BLÉ ET L'IVRAIE

A Ma sœur et frère racheté,

Jésus Christ déclare : Mathieu 13: 24-30 " Il leur proposa une autre parabole, et dit : Le royaume Fès cieux est semblable à un homme qui a semé une bonne semence dans son champ. Mais, pendant que les gens dormaient, son ennemi vint, sema de l'ivraie parmi le blé, et s'en alla. Lorsque l'herbe eut poussé et donné du fruit, l'ivraie parut aussi. Les serviteurs du maitre de la maison vinrent lui dire : Seigneur, n'as-tu pas semé une bonne semence dans ton champ ? D'où vient donc qu'il y a de l'ivraie ? Il leur répondit : c'est un ennemi qui a fait cela ? Et les serviteurs lui dirent, veux-tu que nous allions l'arracher ? Non, dit-il, de peur qu'en arrachant l'ivraie, vous ne déraciniez en même temps le blé. Laissez croitre ensemble l'un et l'autre jusqu'à la moisson, et à l'époque de la moisson, je dirai aux moissonneurs : arrachez d'abord l'ivraie, et liez- la en gerbes pour la brûler, mais amassez le blé dans mon grenier ". Le Seigneur explique la parabole : Mathieu 13 : 37-43:" Il répondit : celui qui sème la bonne semence, c'est le Fils de l'homme, le champ, c'est le monde, la bonne semence, ce sont les fils du royaume, l'ivraie ce sont les fils du malin, l'ennemi qui l'a semée, c'est le diable, la moisson c'est la fin du monde, les moissonneurs, ce sont les anges. Or, comme on arrache l'ivraie et qu'on la jette au feu, il sera de même à la fin du monde. Le fils de l'homme enverra ses anges, qui arracheront de son royaume tous les scandales et ceux qui commettent l'iniquité et ils les jetteront dans la fournaise ardente, où il y aura des pleurs et des grincements de dents. Alors les justes resplendiront comme le soleil dans le royaume de leur Père. Que celui qui a des oreilles pour attendre entende"

Ma sœur et mon frère avez-vous les oreilles pour entendre que vous devez être le blé et non l'ivraie ?

TERRE ECOUTE LA VOIX DU SEMEUR

TROISIÈME PARABOLE : LE ROYAUME DES CIEUX RESSEMBLE A UN GRAIN DE SENEVE

A Ma sœur et frère racheté,

Jésus Christ déclare : Mathieu 13:31 32 " Il leur proposa une autre parabole, et il dit : le royaume des cieux est semblable à un grain de Sénevé qu'un homme a pris et semé dans son champ. C'est la plus petite de toutes les semences, mais quand il a poussé, il est plus grand que les légumes et devient un arbre, de sorte que les oiseaux du ciel viennent habiter dans ses branches" Ma sœur et mon frère, le royaume des cieux ressemble à un arbre où les oiseaux du ciel viennent habiter dans ses branches car en Israël, les plants de Sénevé ou de Moutarde, forment des véritables arbustes qui atteignent parfois quatre et demi mètres de haut. C'est largement suffisant pour que les oiseaux viennent s'y loger. Cette parabole fait sans aucun doute allusion à plusieurs passages de l'Ancien Testament qui annonçaient l'intégration de non juifs que nous sommes dans le royaume de Dieu par Jésus Christ de Nazareth : Daniel 4: 20-21 " L'arbre que tu as vu, qui était devenu grand et fort, dont la cime s'élevait jusqu'aux cieux, et qu'on voyait de tous les point de la terre, cet arbre, dont le feuillage était beau et les fruits abondants qui portait de la nourriture pour tous, sous lequel s'abritaient les bêtes des champs, et parmi les branches duquel les oiseaux du ciel faisaient leur demeure" et également la vision d'Ézéchiel 17:23 " Je le planterai sur une haute montagne d'Israël, il produira des branches et portera du fruit, il deviendra un cèdre magnifique. Les oiseaux de toute espèce reposeront sous lui, tout ce qui a des ailes reposeront sous l'ombre de ses rameaux"

Êtes-vous de ceux et celles qui se reposent sous l'ombre des rameaux de Jésus Christ de Nazareth ?

TERRE ECOUTE LA VOIX DU SEMEUR

QUATRIEME PARABOLE : LE ROYAUME DES CIEUX RESSEMBLE A DU LEVAIN

A Ma sœur et frère racheté,

Notre Seigneur tient à ce que vous et moi, entrions dans son royaume comme ses rachetés raison pour laquelle il nous instruit en parabole pour connaitre notre royaume. Dans la parabole 1, il nous invite à être cette bonne terre qui reçoit la parole du royaume qui nous transforme et nous mène vers la repentance et la conversion. La parabole 2, nous prévient que l'ennemi de Dieu, Satan/diable/ le dragon fait des efforts pour tromper l'Eglise du Christ. Il mêle ses enfants aux enfants de Dieu au point que les rachetés sont incapables de cerner ces infiltrés. La parabole 3, montre la grâce que nous avons obtenue comme non juifs d'entrer dans le royaume par la foi en Jésus Christ.

La quatrième parabole est celle du levain : Matthieu 13: 33 " Il leur dit cette autre parabole : le royaume des cieux est semblable à du levain qu'une femme a pris et mis dans trois mesures de farine, jusqu'à ce que toute la pâte soit levée "

Le royaume des cieux est semblable à du levain, qui se multiplie en silence et qui imprègne tour ce qu'il touche. Le levain symbolise le mal, l'iniquité, le lavage des cerveaux, l'influence mauvaise de l'ennemi de Dieu qui contrôle le monde en mal comme dans la parabole de l'ivraie.

TERRE ECOUTE LA VOIX DU SEMEUR

CINQUIEME PARABOLE : LE ROYAUME DES CIEUX RESSEMBLE A UN TRESOR CACHE

A Ma sœur et frère racheté,

Matthieu 13:44: " Le royaume des cieux est encore semblable à un trésor caché dans un champ. L'homme qui l'a trouvé le cache et dans sa joie, il va vendre tout ce qu'il a et achète ce champ". Ma sœur et mon frère, vous êtes averti, le vrai salut est caché aux yeux de milliards de nos voisines et voisins. Vous et moi nous l'avons obtenu par la grâce alors abandonnez svp la vie de PECHE pour celle de la conversion.

TERRE ECOUTE LA VOIX DU SEMEUR

SIXIEME PARABOLE : LE ROYAUME DES CIEUX RESSEMBLE A UNE PERLE DE GRAND PRIX

A Ma sœur et frère racheté,

Matthieu 13: 45-46 " Le royaume des cieux est encore semblable à un marchand qui cherche de belles perles. Il a trouvé une perle de grand prix, et il est allé vendre tout ce qu'il avait, et l'a achetée" Ma sœur et mon frère dans la cinquième parabole, c'est un trésor caché et dans celle-ci une perle de grand prix. Ces deux images sont porteuses de la même signification, toutes deux présentent " le vrai salut" comme "caché" aux yeux de la plupart des gens dans ce monde. Mais tellement précieux que nous, " les RACHETES" à qui il est révélé, nous sommes prêts à abandonner tour ce que nous possédons et suivre Jésus Christ de Nazareth, le Sauveur et Seigneur de notre vie.

Que celui qui a des oreilles entende ce que l'Esprit dit à l'Eglise du Christ

TERRE ECOUTE LA VOIX DU SEMEUR

SEPTIÈME PARABOLE : LE ROYAUME DE CIEUX RESSEMBLE A UN FILET

A Ma sœur et frère racheté,

Matthieu 13:47-50 : Le royaume des cieux est encore semblable à un filet jeté dans la mer et ramassant des poissons de toute espèce. Quand il est rempli, les pêcheurs le tirent, et après s'être assis sur le rivage, ils mettent dans les vases ce qui est bon, et ils jettent ce qui est mauvais. Il en sera de même à la fin du monde. Les anges viendront séparer les méchants d'avec les justes, et les jetteront dans la fournaise ardente, où il y aura des pleurs et des grincements de dents "

Ma sœur et mon frère prit en otage par les religions vous êtes averti le royaume visible, l'ensemble de celles et ceux qui prétendent être " chrétien(ne) se compose de bonnes et de mauvaises personnes " prises" et "sera trié " au jour du jugement par les anges au service de Dieu qui connait chacune et chacun.

Merci d'être parmi les bons rachetés qui échapperont la fournaise ardente.

TERRE ECOUTE LA VOIX DU SEMEUR

DEFENDRE SES TERRES N'EST PAS UN PECHE
LETTRE PASTORALE AU PEUPLE CONGOLAIS DE LA RDC

Le Seigneur Jésus Christ, juif de Nazareth déclare à Pilate : Jean 18:36 " Mon royaume n'est pas de ce monde, mes serviteurs auraient combattu pour moi afin que je ne sois pas livré aux juifs, mais maintenant mon royaume n'est point d'ici-bas" pour dire que chaque racheté (e) qui ne PECHE plus sera avec lui dans la cité promise. Mais en attendant le racheté (e) vit sur la terre dans son pays que Dieu lui a donné pour y VIVRE ET Y DOMINER. Jésus Christ, juif a laissé ses frères se libérer de l'occupant romain. Peuple congolais, Dieu nous a confié la gestion de la RDC, enviée par toutes les nations du monde qui sont en train de piller et exploiter nos ressources et nous maintenir dans la misère extrême en utilisant les voisins surtout les Tutsi rwandais. Chaque congolais à le devoir de défendre la patrie jusqu'à' la dernière goutte de son sang partout où il se trouve. Le pays a besoin d'un dirigeant comme Benjamin NETHANYAHU, Premier ministre de l'État d'Israël qui se dépolit jour et nuit pour protéger les juifs dans l'espace que Dieu leur avait octroyé malgré l'agressivité et la puissance financière des voisins arabes. La RDC ne mérite pas des dirigeants naïfs qui croient aux mensonges et ruses des génocidaires du peuple. Hier, les zambiens ont érigé une commune rurale dans le pays, ce jour ce sont les Tutsi rwandais, demain ça sera la commune rurale des sud- soudanais de MBORORO qui sont en train d'envahir les provinces de Haut et bas Uélé comme si les pays n'a pas des dirigeants. Après demain ça sera le tour des angolais qui d'ailleurs exploitent nos ressources sous la barbe de nos dirigeants faibles et au service des puissants. Quelle humiliation ? Si les français dormaient comme nous, ils seraient engloutis par leurs voisins allemands.

" Debout congolais unis par le sort pour défendre notre patrie en danger de désintégration"

Courage

PAR LA FOI LE RACHETÉ(E) MARCHE SPIRITUELLEMENT VERS LA CITEE PROMISE

A Ma sœur et frère racheté,

LA MARCHE PAR LA FOI : c'est la marche spirituelle avec la confiance en Jésus Christ de Nazareth, le sauveur donné par Dieu, qui est mort pour subir le jugement à notre place, et dont la résurrection prouve que la justice de Dieu est satisfaite.

Ma sœur et mon frère, après notre décision de ne plus commettre LE PECHE, devenons des rachetés qui désormais marchent par la foi vers la citée promise, nouvelle résidence des rachetés: Galates 2:20 " J'ai été crucifié avec Christ, si je vis, ce n'est plus moi qui vis, c'est christ qui vit
En moi, si je vis maintenant dans la chair, je vis dans la foi au fils de Dieu, qui m'a aimé et qui s'est livré lui-même pour moi" Et 2 Corinthiens 5:7-8 " Car nous marchons par la foi et non par la vue, nous sommes pleins de confiance et nous aimons mieux quitter ce corps et demeurer auprès du Seigneur"
Merci de marcher spirituellement confiant en Jésus Christ de Nazareth par la foi.
TERRE ECOUTE LA VOIX DU SEMEUR

JESUS CHRIST DIT A LA FEMME ADULTÈRE VAS-Y ET DESORMAIS NE PECHE PLUS

Ma sœur et mon frère, joignons nos voix pour dire aux milliards de nos voisines et voisins fanatiques de la religion qu'en aucun cas dans son ministère public Jésus Christ de Nazareth avait demandé aux gens de se confesser auprès de lui.
A la femme adultère qui méritait la mort selon les juifs, il a dit " va et ne PECHE plus" : Jean 8:10 -11" Alors s'étant relevé, et ne voyant plus que la femme, Jésus lui dit : femme, où sont ceux qui t'accusaient ? Personne ne t'a-il condamnée ? Elle répondit : Non, Seigneur, Et Jésus lui dit : je ne te condamne pas non plus, va, ne PECHE plus.
Le Seigneur prône la conversion du racheté(e) et non la confession.
TERRE ECOUTE LA VOIX DU SEMEUR

LA CONVERSION DU RACHETE (E)

A Ma sœur et frère racheté,

LA CONVERSION DU RACHETÉ(E): c'est un changement complet de direction d'un racheté (e). On tourne le dos à sa vie sans Dieu, pour vivre désormais une vie avec lui, pour l'écouter et lui obéir.

Ma sœur et mon frère, la conversion réfute l'hérésie de l'Eglise apostat/Babylone du temps de la fin/ La grande prostituée / La mère des prostituées qui a institué un jour de confession par semaine où les hommes et les femmes vivent sans la crainte du Dieu vivant et peuvent revenir " se confesser auprès d'un prince de cette église", comme si le sang de l'agneau de Dieu qui ôte le PECHE du monde je cite" Jésus de Nazareth avait coulé en vain : Apocalypse 17:1-2 " Puis un de sept anges qui tenaient les sept coupes vint et il m'adressa la parole, en disant : vient, je te montrerai le jugement de la grande prostituée qui est assise sur les grandes eaux. C'est avec elle que les rois de la terre se sont livrés à la débauche, et c'est du vin de sa débauche que les habitants de la terre se sont enivrés "

Merci de prendre l'option de reconnaitre vos péchés, vous repentir et commencer une vie de conversion sans PÊCHES

TERRE ECOUTE LA VOIX DU SEMEUR

LA REPENTANCE

A Ma sœur et frère racheté,

LA REPENTANCE : c'est un changement de nos dispositions intérieures, le regret d'avoir désobéi à Dieu, lorsque nous prenons conscience que nous méritons son jugement avec le désir de changer de vie

Ma sœur et mon frère, le Dieu vivant avait envoyé un précurseur, Jean Baptiste pour demander à son peuple Israël de se repentir avant l'arrivée de notre Seigneur Jésus Christ : Matthieu 3:1-2 " En ce temps-là parut Jean Baptiste, prêchant dans le désert de Judée. Il disait : Repentez-vous, car le royaume de cieux est proche"
Pour entrer dans ce royaume comme racheté la condition préalable est " la repentance". C'est pour cela Satan a envoyé à son tour ses serviteurs pour remplir des lieux de cultes avec des prières sans cesse, du folklore de la musique, des pseudos - délivrance et miracles et autres plaisirs charnels en lieu et place de la parole de Dieu qui amène à reconnaître ses PÊCHES et se REPENTIR. Car c'est cela le vrai miracle du racheté.
Merci de regretter d'avoir désobéi à Dieu avec le désir de changer de vie
TERRE ECOUTE LA VOIX DU SEMEUR

LE PÉCHE

A Ma sœur et frère racheté,

LE PÉCHE : c'est mal agir, aux yeux de Dieu, le créateur. C'est mener sa vie à sa guise sans tenir compte de Dieu. Le cœur du PÉCHE, c'est la rébellion contre Dieu. Ma sœur et mon frère mes PÉCHES et les vôtres nous sépare de Dieu qui nous a créer et qui nous donne la vie. Jésus Christ a dit : Jean 14:6 " Jésus lui dit : je suis le chemin, la vérité et la vie. Nul ne vient au Père que par moi" Quand nous PECHONS, nous sommes donc séparés de Dieu ipso facto nous sommes séparés de LA VERITABLE VIE Comme Christ de Nazareth a sauvé le racheté (e), ce dernier a échappé à la mort spirituelle et reçu la vie spirituelle. Donc les PÉCHES du racheté(e) ont pour conséquence une forme de " mort spirituelle". L'apôtre Paul écrit aux Romains 6:22-23 " Mais maintenant étant affranchis du PÉCHE et devenus esclaves de Dieu, vous avez pour fruit la sainteté et pour fin

la vie éternelle. Car le salaire du PÉCHE, c'est la mort mais le don gratuit de Dieu, c'est la vie éternelle en Jésus Christ notre Seigneur"
Merci de recevoir le don gratuit de Dieu, la vie éternelle en l'unique Jésus Christ.
TERRE ECOUTE LA VOIX DU SEMEUR

C'EST DONC A LEURS FRUITS QUE VOUS LES RECONNAITREZ

Ma sœur et mon frère,

Le Dieu vivant habite en nous, nous sommes son peuple, le monde nous reconnaitra donc grâce à ce fruit fondamental de l'Esprit en nous. Les mondains poussés par leur dieu recherchent et vont à l'école du surnaturel alors que ce surnaturel qu'ils étudient et recherchent existe et nous et nous dirige au quotidien vers l'obéissance envers notre Père Céleste : Matthieu 7:20 " C'est donc à leurs fruits que vous les reconnaîtrez ".
Merci de garder votre âme qui abrite le Dieu vivant être conduit par le Seigneur
TERRE ECOUTE LA VOIX DU SEMEUR

VOUS ETES L'HABITATION DE DIEU EN ESPRIT

Ma sœur et mon frère,

Vous êtes une habitation de Dieu en esprit, cela implique une demeure permanente de Dieu dans la personne du Saint Esprit qui s'installe pour y résider en permanence dans son sanctuaire terrestre : Ephésiens 2:22 " En lui vous êtes aussi édifiés pour être une habitation de Dieu en Esprit " et 2 Corinthiens 6:16 " Quel rapport y a-il entre le temple de Dieu et les idoles ? Car nous sommes le

temple du Dieu vivant, comme Dieu l'a dit : J'habiterai et je marcherai au milieu d'eux, je serai leur Dieu, et ils seront mon peuple"
Merci de choisir être l'habitation du Dieu vivant
TERRE ECOUTE LA VOIX DU SEMEUR

UN RACHETE (E) EST CELUI BAPTISE ET EN QUI EST L'ESPRIT DE DIEU

A Ma sœur et frère racheté,

Un racheté(e) est celui qui suit les pas de notre Seigneur le Véritable. Avant de commencer son ministère public, notre Seigneur et Sauveur a été baptisé et l'Esprit de Dieu descendit sur lui sous forme " corporelle comme une colombe" : Luc 3:21-22 "Tout le peuple se faisant baptiser, Jésus fut aussi baptisé, et pendant qu'il priait, le ciel s'ouvrit, et le Saint Esprit descendit sur lui sous une forme corporelle, comme une colombe. Et une voix fit entendre du ciel ces paroles : Tu es mon fils bienaimé, en toi j'ai mis toute mon affection". Ma sœur et mon frère souvenez-vous. Qu'à sa naissance Joseph et Marie l'avait amené au temple pour être béni et à 30 ans il s'est fait baptisé. Dans ces versets bibliques les trois personnes de la trinité sont présentes de manière distinctes qui réfute l'hérésie appelée " modalisme" qui prétend que Dieu serait une personne unique se manifestant dans trois modes distinctes" en un seul à la fois" Ainsi ils reconnaissent que " Jéhovah" et nient le Fils en qui " Tout a été créé mais aussi nous lisons en qui le Père a mis toute son affection". Ici nous voyons le Saint Esprit envoyé par le Père descendre sous une forme corporelle C'est à dire de manière physique vers le " Fils qui a incarné aussi un corps physique". L'Esprit descente comme une colombe, une image de la douceur.
Merci de savoir que l'on amène l'enfant à l'Eglise pour y être béni et le baptême de l'eau et du feu (du Saint Esprit) vient après.
TERRE ECOUTE LA VOIX DU SEMEUR

LA NAISSANCE DU PRINCE DE LA PAIX ANNONCEE AUX SIMPLES BERGERS ET NON AU ROI NI AUX SACRIFICATEURS ET CHEFS SPIRITUELS DES RELIGIONS

A Ma sœur et frère racheté,

La nouvelle de naissance du " Prince de la paix" n'a pas été annoncé au roi et ses dieux ni aux sacrificateurs et chefs religieux qui travaillaient alors pour leur ventre et les honneurs mais aux simples bergers : Luc 2:10-11 " Mais l'ange leur dit : Ne craignez point, car je vous annonce une bonne nouvelle, qui sera pour tout le peuple le sujet d'une grande joie. C'est qu'aujourd'hui, dans la ville de David est né un Sauveur, qui est le Christ, le Seigneur." Le berger fait partie des humbles voire même des exclus de la société juive de l'époque. Car il est souvent en contact avec les animaux jugés impurs. Cela ne l'empêche pas d'avoir l'oreille attentive aux paroles du messager de Dieu. C'est en effet aux petits et aux humbles que Jésus Christ de Nazareth va s'adresser prioritairement durant toute sa vie publique. Ma sœur et mon frère, vous et moi simple individu avons reçu le salut par Jésus Christ devenu " racheté (e) par la grâce" au détriment des chefs des religions qui parfois au lieu d'être au service du Dieu vivant servent leurs ventres et obtiennent les honneurs. La Bible déclare qu'ils ont déjà reçu leurs salaires.

Merci de tenir ferme votre vie de racheté (e), votre récompense sera grande

TERRE ECOUTE LA VOIX DU SEMEUR

SACHE, O ROI NOUS NE SERVIRONS PAS TES DIEUX ET QUE NOUS N'ADORERONS PAS. LA STATUE D'OR QUE TU AS ELEVEE

A Ma sœur et frère racheté,

Nous sommes tombés entre les mains du Dieu vivant qui est jaloux dans son premier commandement : Exode 20: 4-5 " Tu ne te feras point d'image taillée, ni de représentation quelconque des choses qui sont en haut dans les cieux, qui sont en bas sur la terre. Tu ne te prosterneras point devant elles, et tu ne les serviras point, car moi l'Éternel ton Dieu, je suis un Dieu jaloux, qui punis l'iniquité des pères sur les enfants jusqu'à' la troisième et quatrième génération de ceux qui me haïssent". Daniel et ses compagnons model de notre foi ont refusé de servir et adorer la statue d'or du Tout puissant roi NABUCADNETSAR qui dirigeait le monde à l'époque : Daniel 3:18 " Sinon, sache, o roi, que nous ne servirons pas tes dieux, et que nous n'adorerons pas la statue d'or que tu as élevée". Maintenant ces milliards de voisines et voisins qui se prosternent devant la statue de la reine de la paix, " maman y a___20 boboto en lingala que l'on retrouve partout dans leurs enclos et lieu de culte mais transportée même lors des cérémonies lui dédié, sont-ils tombés entre les mains du Dieu vivant ou du dieu de ce monde, celui que le roi de Babylone servait ? La bible est claire : Jean 8:32 " Vous connaîtrez la vérité, et la vérité vous affranchira " Ma sœur et mon frère, refusez de servir et adorer les dieux des religions. Un racheté n'adorera que " Le prince de la paix, qui est mort pour lui".

TERRE ECOUTE LA VOIX DU SEMEUR

C'EST UNE CHOSE TERRIBLE DE TOMBER ENTRE LES MAINS DU DIEU VIVANT

AUX FRERES ET SOEURS RACHETES DU SEIGNEUR

A Ma sœur et frère racheté,

Soyez dans l'allégresse et la joie comme vous êtes entre les mains du Dieu vivant. Il n'est pas aisé de tomber entre les mains du Dieu vivant affirme l'apôtre Paul aux Hébreux 10:31 " C'est une chose terrible de tomber entre les mains du Dieu vivant " Car en ce temps de derniers jours des milliards des voisines et voisins sont devenus " chrétiens" et non " Rachetés" qui viennent au nom de Christ remplir les lieux de culte avec du folklore, un cœur mauvais et incrédule, vivant dans toutes les pratiques occultes avec la marque de la bête au service du dieu de ce monde. Bref des gens qui se sont détournés du Dieu vivant mais se cachent dans les religions : Hébreux 3:12 " Prenez garde frère, que quelqu'un de vous n'ait un cœur mauvais et incrédule, au point de se détourner du Dieu vivant"

Merci de demeurer entre les mains du Dieu vivant jusqu'au retour de notre Seigneur le Véritable

TERRE ECOUTE LA VOIX DU SEMEUR

ABRAHAM REFUSA PAR LA FOI LE FILS DE LA CHAIR "ISMAEL" AU PROFIT DE CELUI DE LA PROMESSE " ISAAC"

A Ma sœur et frère racheté,

Le Dieu vivant avait choisi Abraham parmi tous les habitants de la terre pour accomplir son plan de salut pour l'humanité. C'est comme il vous a choisi et moi

d'hériter son royaume comme racheté (e) et laisse les milliards de vos voisines et voisins sans le salut que vous obtenez en Jésus Christ de Nazareth. Ma sœur et mon frère, Abraham avait deux fils Isaac et Ismaël. Dieu choisit de signer l'Alliance avec Isaac et rejeta "Ismaël" : Genèse 17:21 " J'établirai mon alliance avec Isaac que Sara t'enfantera à cette époque-ci de l'année prochaine " et l'apôtre Paul de dire : Galates 4:22-23 " Car il est écrit qu'Abraham eut deux fils, un de la femme esclave et un de la femme libre. Mais celui de l'esclave naquit selon la chair, et celui de la femme libre naquit en vertu de la promesse".
Ismaël, le rejeté grandit dans le désert de Paran, qui est dans Sinaï. Il devint archer et épousa une fille Égyptienne. Il forma une grande nation, de la lignée des Arabes dont " Mahomet est issu". Mahomet naquit dans un monde arabe dans lequel manquaient gravement de valeurs morales et de réformes sociales.
La Mecque était alors le siège d'un culte païen. Les tribus de la région y adoraient un panthéon de dieux, incluant, la déesse du soleil, et AL UZZA, une déesse associée à la planète Vénus, toutes deux étant les filles d'une divinité principale connue sous le nom de AL LLAH " ALLAH" ou le " Dieu". Cette descendance rejetée par Dieu a mis le Coran comme substitut arabe de la bible et l'ajout d'une loi orale mis en œuvre par des tribunaux religieux. Au point de vue physique toutes ces nations se sont mis ensemble au sein d'une " Ligue des États Arabes" pour effacer " Israël de la carte du moyen orient et du monde" mais en vain. Car le Dieu vivant d'Israël veille sur lui : Psaumes 121:4 " Voici, il ne sommeille ni ne dort, celui qui garde Israël"
Merci de tenir ferme votre élection par le Seigneur comme son " Racheté (e)
TERRE ECOUTE LA VOIX DU SEMEUR

LA FIDÉLITÉ DE JOSEPH ET DE DANIEL RECOMPENSEE PAR LE DIEU VIVANT

AUX FRERES RACHETES DU SEIGNEUR LE VERITABLE

A Ma sœur et frère racheté,

Restons fidèles à notre Seigneur et il nous élèvera comme Joseph et Daniel. Ma sœur et mon frère, bien que séparée d'environ un millénaire, les vies de Joseph et Daniel ont beaucoup de ressemblance. Dès leurs jeune âge ont leurs a enseigné à connaitre et obéir le Dieu vivant de leurs parents. Tous deux ont été déportés injustement comme esclave étant jeunes. Pour Joseph, cette déportation résultait de la jalousie de ses frères. Pour Daniel, elle était la conséquence du mal de sa nation. Ce qui est intéressant est que l'un comme l'autre veuille à honorer Dieu vivant auquel ils appartiennent. Nous l'avons vu Joseph ne cède pas à la femme de son maitre pour commettre l'adultère et Daniel refuse de se souiller en prenant le vin et les mets du roi idolâtre. Grâce à sa fidélité Joseph avait accédé à des hautes fonctions en Egypte et Daniel à Babylone. Quel bon exemple à suivre pour nous les rachetés ?

Merci de refuser les tentations charnelles et percevez dans la fidélité et l'obéissance au Seigneur qui nous a élus et mis à part comme membres de son corps.

TERRE ECOUTE LA VOIX DU SEMEUR

DANIEL RESOLUT DE NE PAS SE SOUILLER PAR LES METS DU ROI ET PAR LE VIN DONT LE ROI BUVAIT CAR IL N'EST PAS DU MONDE

A Ma sœur et frère racheté,

Si le mondain (e) considère que se souiller en mangeant les délices de l'initiation aux pratiques occultes et en buvant le vin est la réussite de la vie,

pour un racheté comme Daniel, la nourriture et les boissons païennes étaient dédiées aux idoles. En consommer revenait à s'associer aux honneurs rendus à ces divinités : Daniel 1:8 " Daniel résolut de ne pas se souiller par les mets du roi et le vin dont le roi buvait, et il pria le chef des eunuques de ne pas l'obliger à se souiller " Daniel garda son cœur et décida de refuser tout compromis qui l'amènerait à se montrer infidèle à l'appel de Dieu. Ma sœur et mon frère garder votre cœur à ne pas se souiller dans l'initiation de ce monde : Proverbe 4:23 " Garde ton cœur plus que toute autre chose"
Merci de refuser comme Daniel la nourriture et les boissons païennes.
TERRE ECOUTE LA VOIX DU SEMEUR

JOSEPH REFUSA DE COUCHER AVEC LA FEMME DE SON MAITRE COMME IL N'EST PAS DU MONDE

A Ma sœur et frère racheté,

Si pour le mondain (e). avoir des rapports sexuels avec son patron/ patronne/ collaborateur (trice) est une chance dans sa vie, comme nous le vivons dans mon pays la RDC " Obiki" . Pour un racheté (e), c'est une malédiction : Genèse 39 : 7-9 " Après ces choses, il arriva que la femme de son maitre porta les yeux sur Joseph, et dit : couche avec moi ! Il refusa et dit à la femme de son maitre : Voici, mon maître ne prend avec moi connaissance de rien dans sa maison, et il a remis entre mes mains tout ce qui lui appartient. Il n'est pas plus grand que moi dans cette maison, et il ne m'a rien interdit, excepté toi, parce que tu es sa femme. Comment ferais-je un aussi grand mal et pécherais- je contre Dieu ? Ma sœur et mon frère au retour du Seigneur trouvera-t-il encore une foi comme celle de Joseph dans ce monde ? Merci de dire non à l'impudicité/ l'adultère/ la débauche.
TERRE ECOUTE LA VOIX DU SEMEUR

SAVOIR DIRE NON AU MONDE COMME MOÏSE AVAIT RENONCER AUX PRIVILÈGES ET HONNEURS DE LA COUR ROYALE EN EGYPTE

A Ma sœur et frère racheté,

Nous sommes appelé à chercher la face du Seigneur en demeurant en lui comme rachetés. Notre premier devoir est de dire " non au monde avec ses privilèges et honneurs comme l'avait fait Moise, un homme de Dieu vivant, sut dire non au monde. Moise, devenu grand, refusa d'être appelé fils de la fille du Pharaon, choisissant d'être dans l'affliction avec le peuple de Dieu, plutôt que de jouir pour un temps des délices de l'iniquité " : hébreux 11:24 " C'est par la foi que Moise, devenu grand, refusa d'être appelé fils de la fille de Pharaon". Ma sœur et mon frère, voilà, Moïse devant " un choix". D'un côté les honneurs, les privilèges, la puissance, les richesses et les délices de l'initiation aux pratiques occultes, de l'autre côté l'affliction, la colère du roi mais l'approbation de Dieu. Aujourd'hui c'est votre tour de choisir d'être conduit par Dieu comme Moïse, quel qu'en fût le prix, il a dit non au monde et ses honneurs. Bien aimé (e), après son choix, l'Éternel parlait à Moïse face à face, comme un homme parle avec son ami ' Exode 33:11. Quel honneur ? , quel privilège ? Imitons dans notre vie de racheté, la foi de Moïse qui a accepté des sacrifices et que Dieu s'est plu à bénir.

Merci de choisir Dieu et non les honneurs et privilèges éphémères du Monde

TERRE ECOUTE LA VOIX DU SEMEUR

APPROCHONS NOUS DU TRÔNE DE LA GRÂCE : JESUS CHRIST DE NAZARETH

A Ma sœur et frère racheté,

Les rois et les reines de ce monde sont approchés que par leurs conseillers les plus importants. Mais, nous au contraire, le Saint Esprit appelle chacune et chacun à s'approcher avec assurance du trône du Dieu vivant pour recevoir sa miséricorde et sa grâce (le salut) par Jésus Christ : 1 Hébreux 4:16 : Approchons nous donc avec assurance du trône de la grâce, afin d'obtenir miséricorde et de trouver grâce, pour être secourus dans nos besoins " Dans l'Ancien Testament, l'Arche de l'Alliance était considérée comme l'endroit sur terre où Dieu siégeait sur son trône entre les chérubins. C'est au trône de Dieu que Christ a payé pour rachat des pécheurs et c'est là que la grâce est dispensée aux croyants que nous sommes pour tous les aspects de notre vie. Les rachetés ont ainsi la vie en abondance en Christ.
Merci de s'approcher du trône de Jésus Christ de Nazareth mais non d'un individu comme vous qui se fait ou fait " dieu"
TERRE ECOUTE LA VOIX DU SEMEUR

QUAND LE FILS DE L'HOMME VIENDRA TROUVERA-T- IL LA FOI SUR LA TERRE ?

A Ma sœur et frère racheté,

Nous avons obtenu le salut par la grâce. Tenons alors ferme notre salut : Luc 18:8 " Je vous le dis, il leur fera promptement justice. Mais, quand le fils de l'homme viendra, trouvera-t-il la foi sur la terre ?" Notre Seigneur s'inquiète et se pose la question " Y aura-t-il encore quelques rachetés qui accepterons malgré l'influence du monde, de croire en ma parole ce qui se prouve par une vie d'obéissance et de la crainte du Dieu vivant ? - Le Seigneur se pose la question de savoir s'il trouvera sur terre quelques véritables servantes et serviteurs fidèles pêcheurs d'hommes et pas les pêcheurs d'argent infiltrés dans la religion pour leur ventre et leurs honneurs. - Le Seigneur se pose la question de savoir s'il trouvera sur la terre quelques rachetés braves et courageux pour dénoncer l'iniquité et l'état de dérive vers le mal du monde ? - Le Seigneur doute qu'il trouvera encore quelques rachetés non-initiés, qui n'ont pas été séduit par les pratiques occultes, le lavage des cerveaux dans les confréries, Maikari, Rose croix, la Kabbale juive, les ordres, franc maçons, satanisme, magie, sorcellerie, prima curia et autres. - Le Seigneur se demande à son retour trouvera-t-il des filles et femmes modèles dans leur accoutrement qui acceptent de s'habiller comme je demande avec décence et pudeur sans copier les femmes mondaines ? Dans mon pays jadis Zaïre, les mamans Zaïroises s'habillaient décemment en pagne et l'honneur revenait à Dieu, des femmes vertueuses, soumises et inintéressantes. - Le Seigneur se demande s'il y aura encore des vrais adorateurs en esprit et en vérité comme il est Esprit et sa Parole est la vérité? Différents des fanatiques qui suivent les serviteurs au service de dieu de ce monde. - Le Seigneur trouvera encore des rachetés qui disent non à la chair et ses convoitises mais méditent et mettent en pratique la parole de Dieu, conduit par l'Esprit de Dieu ? - Le Seigneur trouvera des rachetés qui prient sincèrement et non les pseudo- prières et adoration des plusieurs années ?

Merci de tenir ferme votre foi car nous vivons le moment difficile où plusieurs ont renié la foi à cause du pouvoir, la richesse, la célébrité, le bonheur éphémère et autres plaisirs charnels.

TERRE ECOUTE LA VOIX DU SEMEUR

UN RACHETE (E) OBTIENT LE SALUT DE L'EVANGILE

A Ma sœur et frère racheté,

Le salut de l'Évangile que nous avons obtenu de notre Seigneur, bouleverse un racheté (e), le change profondément mais ne le fait pas passer dans un autre monde mais lui fait vivre son présent autrement par rapport aux mondains : Luc 19 8-9 " Mais Zachée, se tenant devant le Seigneur, lui dit : voici Seigneur, je donne aux pauvres la moitié de mes biens, et, si j'ai fait tort de quelque chose à quelqu'un, je lui rends le quadruple. Jésus lui dit : Le salut est entré aujourd'hui dans cette maison, parce que celui-ci est aussi un fils d'Abraham" Zachée a été délivré de ses manigances, de ses tromperies et autres comportements indignes, délivré d'une vie chaotique et désordonnée qui ne pouvait que mal se terminer dans l'étang de feu pour une vie pleine de sens, saine, sauve, sauvée, une vie de santé, de mieux être, de mieux faire éternelle dans " l'amour de Dieu" Ma sœur et mon frère, le mot " salut" a même racine en latin que le mot santé. Dans la bible, salut en hébreu évoque le secours, la délivrance, la sortie. En grec, le verbe " Sozo" sauver peut être compris comme l'action qui fait sortir sain et sauf d'un péril, d'un danger. C'est être arraché hors de, être délivré, d'être tiré du danger. Donc étymologiquement " être sauvé " c'est être délivré pour accéder à une vie sauvée. Bienaimé (e), un racheté (e) ne peut plus vivre comme avant, le salut modifie sa manière de vivre. Zachée connu par tous le juif collaborateur de l'occupant Romain, qui extorquait les petites gens, avare et rapace a été touché et sa maison, alors que le Seigneur ne lui demande rien, il est bouleverser, secoué, changé, délivré dans son âme en vue de mener une vie saine avec le Seigneur.

Merci d'obtenir le salut de l'Évangile de Christ de Nazareth et non être distrait par ces fameux apôtres/ prophètes/femme et homme de dieu, propriétaires de leurs fondations pour une pseudo- délivrance qui prend des années de prières et

d'adoration. Car le salut s'obtient tout de suite au contact avec le Seigneur comme Zachée et non pas demain.
TERRE ECOUTE LA VOIX DU SEMEUR

LE RACHETE (E) EST PASSAGER ET ETRANGER DANS LE MONDE

A Ma sœur et frère racheté,

Nous sommes passagers et étrangers dans le monde, marchons s'il vous plait conformément à l'Évangile de salut de Christ, notre Seigneur et Sauveur et non comme des mondains dans les convoitises charnelles comme leur Père " satan" qui se fait égal au Dieu vivant, son créateur et plonge alors le monde dans l'orgueil de la vie et la méchanceté indescriptible : 1 Pierre 2:11-12 " Bienaimés, je vous exhorte, comme étrangers et voyageurs sur la terre, à vous abstenir des convoitises charnelles qui font la guerre à l'âme. Ayez au milieu des païens une bonne conduite, afin que, là même où ils vous calomnient comme si vous étiez des malfaiteurs, ils remarquent vos bonnes œuvres, et glorifient Dieu, au jour où il les visitera"
Merci de vous conduire dignement comme rachetés en vous considérant comme passager et étrangers dans ce royaume de Satan en suivant l'exemple de notre Père Abraham qui quitta son pays vers la terre promise sans se compromettre avec Dieu. Nous aussi nous sommes en route vers la cité promise qui nous attend parée " La Nouvelle Jérusalem"
TERRE ECOUTE LA VOIX DU SEMEUR

LA SHEKINAH : VERITABLE COMMUNION AVEC LE MONDE DE TENEBRES

A Ma sœur et frère racheté,

Ce thème de Shekinah qui n'est pas employé dans la bible est développé dans la Kabbale juive (mystique juive). La Shekinah est la représentation du Divin féminin ou le visage féminin de Dieu tel que conçu dans la tradition mystique juive. Ce concept provient des écoles de Babylone mais que le dieu de ce monde a introduit dans son système diabolique de lavage des cerveaux des naïfs non rachetés. Dans la Kabbale, la religion cesse d'être une croyance collective. Elle est plutôt une voie de communication directe entre l'individu et le sacré. Elle est la manifestation du Divin sur terre, la mère nourricière de toutes les créatures vivantes, elle est l'utérus cosmique, elle est la création c'est " la Reine des cieux/ la Reine de paix en lieu et place du Prince de la paix, notre Seigneur". Ma sœur et mon frère si donc la Shekinah invoquée par les non rachetés et musulmans qui interagissent avec les démons sous l'appellation " Djinn" et autres puissances démoniaques signifie " la présence de Dieu parmi eux" ? , alors notre Seigneur et sauveur Jésus de Nazareth n'est plus " la gloire de Dieu personnifiée " ? Dans le Nouveau testament, notre alliance, la gloire de Dieu demeure en seul Jésus Christ: Colossiens 2:9 " Car en lui habite corporellement toute la plénitude de la divinité " et Jean 14:8-10 " Philippe lui dit : Seigneur, montre nous le Père et cela nous suffit. Jésus lui dit : Il y a si longtemps que je suis avec vous et tu ne m'as pas connu, Phillipe ! Celui qui m'a vu a vu le Père, comment dis-tu : Montre nous le Père ? Ne crois- tu pas que je suis dans le Père, et que le Père est en moi ? Les paroles que je vous dis, je ne les dis pas de moi - même, et le Père qui demeure en moi, celui qui fait les œuvres". Donc notre Sauveur est " la manifestation visible de Dieu".

Merci de ne pas interagir avec la Reine de cieux, ses démons et tout le gouvernement du monde de ténèbres.

TERRE ECOUTE LA VOIX DU SEMEUR

LE RACHETE(E) FAIT FACE AU MONDE DE TENEBRES

A Ma sœur et frère racheté,

Mieux un racheté (e) sert notre Seigneur, plus il sera soumis aux attaques de dieu de ce monde et son armée du monde de ténèbres : " Ephésiens 6: 12 " Car nous n'avons pas à lutter contre la chair et le sang mais contre les dominations, contre les autorités, contre les princes de ce monde de ténèbres, contre les esprits méchants dans les lieux célestes" Nous sommes entourés par des ennemis formidables, des puissances démoniaques, des légions d'anges déchus, les esprits méchants qui ont un pouvoir énorme. Tenons ferme notre foi en Jésus Christ le véritable contre leurs attaques, enfin de pouvoir résister physiquement et spirituellement contre les stratagèmes de Satan et son armée du monde de ténèbres.

Merci de ne pas être vulnérable face au monde de ténèbres, nous sommes du monde de lumière de Christ, le Roi des rois, Seigneur des seigneurs.

TERRE ECOUTE LA VOIX DU SEMEUR

N'AIMEZ PAS LE MONDE COMME LE MONDAIN (E)

A Ma sœur et frère racheté,

Nous avons été racheté à un grand prix celui du sang précieux de l'agneau de Dieu qui ôte l'iniquité du monde, n'aimez plus le monde ni les choses qui s'y trouvent. De nombreux passages dans la bible nous mettent en garde concernant " le monde”. 1 Jean 2:15 " N'aimez point le monde, ni les choses qui sont dans le monde. Si quelqu'un aime le monde, l'amour du Père n'est plus en lui" Quelques fausses valeurs du monde :

1. Les gens du monde sont à la recherche de plaisirs charnels : 1 Jean 2:16 " Car tout ce qui est dans le monde, la convoitise de la chair, la convoitise des yeux, et l'orgueil de la vie, ne vient point du Père, mais vient du monde " Que les plaisirs soient liés au sexe, à l'alcool ou la drogue, le luxe et autres. Malgré la loi de Dieu qui n'autorise les rapports sexuels que dans le mariage qui unit un homme et une femme pour la vie, le monde se donne à la pornographie, la prostitution, l'adultère, l'homosexualité, l'inceste, à l'alcool et au drogue. 2. Amis de l'argent plus que Dieu : l'homme et la femme du monde cherche l'argent et la sécurité ne voulant pas reconnaître que Dieu est le seul " vrai refuge" Proverbes 23:5 . Les gens cherchent l'argent pour s'en vanter, se glorifier et impressionner les autres : 1 Timothée 6:17 " Recommande aux riches du présent siècle de ne pas être orgueilleux et de ne pas mettre leur espérance dans des richesses incertaines, mais de la mettre en Dieu, qui nous donne avec abondance toutes choses pour que nous en jouissions" 3. L'orgueil de la vie : le mondain (e) s'intéresse à ce qui lui permet de s'exalter par rapport aux autres et recherche d'être au-dessus de son prochain. L'orgueil conduit ainsi à tous les autres maux, surtout se servir et laisser les autres souffrir dans la misère indescriptible comme c'est le cas dans mon pays la République Démocratique du Congo. 4. L'homme et la femme mondain (e) n'aime souvent pas que l'on parle du Dieu vivant, son créateur et se soumettre à sa volonté. 5. Le mondain (e) n'aime pas également écouter parler de l'étang de feu qui attend celui qui le trompe " Satan".

Merci d'être le sel et la lumière du monde et non se faire engloutir par le monde.

TERRE ECOUTE LA VOIX DU SEMEUR

UN RACHETÉ (E) EST DANS LE MONDE SANS ETRE DU MONDE

A Ma sœur et frère racheté,

Le monde du mot grec " Cosmos" est la création de notre Père qui est dans les cieux. Il englobe l'univers, l'humanité et tout ce qu'ils renferment. Depuis la chute d'Adam et Ève, il est dominé par le Dragon (Satan) que notre Seigneur appel " le prince de ce monde": Jean 12:41 "Maintenant a lieu le jugement de ce monde, maintenant le prince de ce monde sera jeté dehors" Mais également " le dieu de ce siècle" 2 Corinthiens 4:3-4 " Si notre évangile est encore voilé, il l'est pour ceux qui périssent, pour les incrédules dont le dieu de ce siècle a aveuglé l'intelligence, afin qu'ils ne voient pas briller la splendeur de l'Évangile de la gloire de Christ, qui est l'image de Dieu". Par conséquent son influence a construit le monde autour d'un système philosophique diabolique basé sur la ruse en vue d'amener avec lui dans l'étang de feu un grand nombre d'âmes. L'impact de cette tromperie a agi dans les différents domaines de la vie de toutes les nations comme la politique, l'économie, la culture, la société, le social, la religion, les médias et autres comme nous l'avons vu " le mystère de l'iniquité". C'est pour cette raison que la bible déclare que nous les rachetés devons y vivre en menant une vie qui honore le Dieu vivant, vivons en tant que nouvelle créature morts aux valeurs du monde: Romains 12:2" Ne vous conformez pas au siècle présent, mais soyez transformés par le renouvellement de l'intelligence, afin que vous discerniez quelle est la volonté de Dieu, ce qui est bon, agréable et parfait".

Merci d'être dans le monde sans être du monde.

TERRE ECOUTE LA VOIX DU SEMEUR

QUID DE JULES LWESSO KISALIMA.

Profil

Né à Tubungu le 27.04.1964, groupement Bashimwenda I, chefferie Basile, Territoire de Mwenga, province du Sud –Kivu en RDC.

Ses résidences à : Kinshasa, Bukavu, Kamituga, et Kitutu où il y a des plantations.

Ses études :

- Ecole Primaire Catholique à Kitutu – Ecole secondaire : Institut Tangila de Kamituga – Ecole supérieure : Institut Supérieur de Développement Rural (ISDR –Bukavu), il est Technicien de Développement Rural : option planification régionale en 1991.

Expérience professionnelle

1. 1991-1995 : animateur de l'ONG Promotion des Initiatives Locales (PIL ASBL) à Ngando – Mwenga,
2. 1995-2005 : animateur du Bureau de Développement Communautaire de la 5ème Communauté des Eglises de Pentecôte en Afrique (CELPA). Pendant ce temps il est acteur du mouvement associatif dans la ville de Bukavu et initie avec Son excellence Fernandez Murhola le Bureau de Coordination des Observateurs Indépendants des Elections (BUCOIE), une des associations fondatrices du Réseau des Associations des Droits de l'Homme au Sud-Kivu (RADHOSKI).
3. 2006 -2016 : chargé des projets au Département de la Diaconie à la présidence de l'Eglise du Christ au Congo (ECC) pendant cette période en 2008 : il est Représentant de Norwagian Church Aid (NCA) à Kinshasa et en 2010, Chef du projet de la digue de Mutambala, du marché de Baraka et la route Kazimia en territoire de

Fizi, province du Sud –Kivu avec l'appui du Fonds pour la Consolidation de la Paix de la Coopération Allemande GTZ.

4. 2016 : Chef du projet de suivi des lettres de missions des Ministère de Transport et voies de communication et Energie et Ressources hydrauliques dénommé PARTICIPE –CONGO avec l'appui de DFID, la coopération britannique sous la direction de l'ONG International Rescue Committee (IRC).
5. 2016 à ce jour : Officier des Droits de l'Homme, de la Commission Nationale des Droits de l'Homme de la République Démocratique du Congo (CNDH), Expert en Droits Economiques, Sociaux et Culturels de la 25ème session du collège Universitaire Henry Dunant de Genève en Suisse en 2018.
6. Expert du Secrétariat Général du Conseil National des Religions pour la Paix (CNRP-RDC)

Printed by Books on Demand GmbH, Norderstedt / Germany